DANN HABEN DIE HALT MEINE DATEN. NA UND?

EIN BUCH FÜR ALLE, DIE NICHTS ZU VERBERGEN HABEN

KLAUDIA ZOTZMANN-KOCH

EDITION SILBENREICH

COPYRIGHT

DANKE

Liebe Leserin, lieber Leser,

herzlichen Dank, dass Du dieses Buch erstanden hast. Ich freue mich wirklich sehr darüber. Jeder Buchkauf ist nicht nur ein Stückchen meines Einkommens als Autorin, sondern motiviert vor allem ungemein. Ich danke Dir für diese doppelte Unterstützung.

Viel Spaß beim Lesen und auch bei der Umsetzung!

Deine Klaudia

INHALT

DISCLAIMER

Dieses Buch ist für Technik-Laien geschrieben, für Menschen, die bislang vielleicht auch nicht viel mit Datenschutz am Hut hatten. Daher sind die technischen Inhalte stark vereinfacht und schematisiert, um die komplexe Thematik möglichst verständlich zu machen. Die technisch Interessierten mögen es verzeihen.

Außerdem ist die sehr persönliche, eher lapidare Ansprache Absicht, um den teils sehr abstrakten Themen die Distanz zu nehmen.

Die Nennungen von konkreten Browsern, Plugins, Suchmaschinen, Messengern, etc. sind Vorschläge. Es sind Programme, die ich selbst benutze oder kenne. Ich bekomme kein Geld dafür, dass ich sie hier nenne. Wenn vorhanden, stelle ich Dir mehrere Alternativen zu einem Service vor, sodass Du Deine eigene Entscheidung treffen kannst.

An einigen Stellen gibt es Links, die auf Angebote Dritter verweisen, auf die ich keinen Einfluss habe und ich somit für deren Inhalte etc. keine Gewähr übernehme.

Alle in diesem Buch verwendeten Marken- und Produktnamen sind Eigentum der jeweiligen Unternehmen. Die Inhalte wurden mit größter Sorgfalt und Genauigkeit erstellt, für die Richtigkeit, Vollständigkeit und Aktualität der Inhalte übernehme ich jedoch keine Gewähr. Sollte Dir ein Fehler auffallen, freue ich mich sehr über eine Nachricht an na-und@zotzmann-koch.com :)

Die Quellenangaben stellen nur eine Auswahl von zumeist einer Fülle an Informationen dar. Ich lade Dich ein, selbst weiter zu recherchieren und Dich zu informieren. Sollte Dir dabei auffallen, dass es noch viel bessere Quellen gibt, oder ich einen Sachverhalt falsch oder nicht scharf genug dargestellt habe, freue ich mich auch da über eine Nachricht an na-und@zotzmann-koch.com.

Auf der Buch-Detailseite zotzmann-koch.com/book/na-und gibt es eine Unterseite mit Updates, weiteren Links und Quellen.

VORWORT ZUR ZWEITEN AUFLAGE

Als ich die erste Auflage im November 2019 schrieb, hatte ich zwar eingeplant, das Buch immer wieder mal zu aktualisieren – der Grund übrigens, warum es kein Hörbuch davon gibt, weil ein solches aktuell zu halten nahezu unmöglich ist. Ich hatte nur nicht damit gerechnet, dass es so schnell eine Überarbeitung brauchen könnte. Üblicherweise mahlen die Mühlen der Gerichte und Gesetzgebung langsam und jahrelange In-Netzwerke sind jahrelange In-Netzwerke. Der Brexit war lang angekündigt und wenig überraschend ist UK jetzt datenschutzmäßig ein Drittland. Auch der Fall des PrivacyShields war lang vorhergesehen, aber dass es doch endlich mal passieren würde, daran hatte schon fast niemand mehr geglaubt. Ich bin gespannt, wie viele Neuauflagen es noch braucht, bis die ePrivacy-Verordnung endlich in Kraft tritt. Der Januar 2021 hat mit dem spontanen Aus-der-Gnade-Fallen von WhatsApp und dem starken Zulauf beim Messenger Signal einen weiteren unvorhergesehenen Meilenstein für den Datenschutz geliefert. Und so passieren immer kleine Schritte, die alle zusammen uns als Gesellschaft weiterbringen.

Das alles passiert natürlich nicht aus heiterem Himmel oder weil »die da oben« sich einfach drum kümmern, weil's auf ihrer To-Do-Liste steht. Das alles passiert, weil viele Menschen wie Du und ich sich mit den Themen auseinandersetzen, recherchieren, darüber reden. Zum Beispiel mit der Nachbarin. Und die trifft im Kindergarten beim Abholen den Vater eines anderen Kindes. Und der ist im Landtag. Und so geht die Sache weiter. In Neusprech wird das »Grassroots-Bewegung« genannt. Eine Bewegung, wo Themen von unten nach oben sickern.

Und etwas mehr als ein Jahr später sitze ich hier und aktualisiere ein Sachbuch über Datenschutz, bei dem sich einige Teilbereiche mittlerweile geändert haben – zum Besseren. Dank Dir und all den Menschen, die über die Themen lesen, weiter recherchieren, drüber reden, bloggen, podcasten und auf Social Media posten. Und die hinterfragen, wenn bestimmte Software von US-Konzernen im Bildungsbereich eingesetzt werden soll. Die nicht alles hinnehmen, was Typen in Anzügen für viel Geld an ahnungslose Menschen in Zugzwang verscherbelt haben. Gut so. So funktioniert eine aufgeklärte Gesellschaft und so funktioniert Demokratie.

Ja, manche Debatte ist mühsam und macht keinen Spaß. Wer weiß das besser als ich, die (auch noch als Frau) versucht, für das Thema Datenschutz eine Lanze zu brechen ... Aber es ist gut, wenn sie geführt werden. Nichts ist tödlicher für eine Debatte als »toxische Positivität« – das Wort habe ich 2020 gelernt. Es bezeichnet den Zustand, wenn eine Stimmung oder Gruppenkultur vorherrscht, in der nichts Aufreibendes gesagt werden darf. Wo jeder Konflikt und jede Diskussion über Missstände ums Verrecken vermieden wird. Wo Diskussion und gemeinsame Konsensfindung in Anbetracht aller Fakten unerwünscht ist. Toxische Positivität bringt uns gesellschaftlich nicht weiter, so wie sie auch den Dackelzüchterverein nicht weiterbringt, weil Missstände nie aufgezeigt werden dürfen. Übrigens ist »Trollen« die zweite Art, mit der wir kein Stück weiterkommen; also das opportunistische Auf-Alles-

Draufschlagen, bis die Parteien der Diskussion so gespalten sind, dass keine Kommunikation mehr möglich ist. Dazu gehört auch »Derailing«, also das Ablenken vom Thema und ebenso »Whataboutism«, also ebenfalls Ablenken, aber mit der Frage »aber was ist mit XY, die auch ein Problem haben?!«.

Es ist großartig, dass Du Dich hier mit einem sich zwar langsam wandelnden, doch noch immer für viele aufreibenden Thema beschäftigst. Wir brauchen als Gesellschaft Menschen, die sich mit den kritischen Themen befassen. Die auf Wissenschaftler:innen und in dem Fall Datenschutzexpert:innen und auch IT-Forensiker:innen vertrauen. Die genau hinschauen, was tatsächlich in so einer Software passiert, welche Daten vielleicht erhoben und irgendwohin übertragen werden, wo sie nichts zu suchen haben. Und die dann die Frage stellen: qui bono? Wo fließt hier das Geld?

Danke, dass Du ein Teil davon bist. Und danke, dass Du Dich mit den Themen auseinandersetzt, die mir – wie einer größer werdenden Gruppe an Menschen – sehr am Herzen liegen. Viel Spaß beim Lesen und beim Entdecken der vielfältigen Möglichkeiten, es anders zu machen.

Klaudia Zotzmann-Koch

GELEITWORT

von Katharina Larisch & Volker Wittpahl

Dass es unter der schönen bunten Oberflächen unserer digitalen Welt brodelt und im verborgenen quirlig werkelt, bekommt ein jeder von uns mit, wenn eine irritierend treffende Werbeanzeige oder Kaufempfehlung sich in unserem Browser öffnet und man sich leicht beklemmt die Frage stellt: »Woher wissen die, obwohl ich doch ...?«

Obwohl ich doch, ... nichts gemacht habe? Ja, genau deshalb! Weil ich nichts gemacht habe: Weil ich die AGBs nicht gelesen habe, weil ich die Firmware nicht upgedatet habe, weil ich nicht nachgedacht habe, bevor ich die Google-Suche genutzt oder bei Facebook etwas gepostet habe!

Wo ist das Problem? Ich habe doch nichts zu verbergen. Das mag sein, aber ich habe definitiv etwas zu verlieren. Was wir zu verlieren haben verbirgt sich hinter dem eher unattraktiven und zum Teil mit negativen Assoziationen versehenen Begriff »Datenschutz«:

Datenschutz – dieses Wort löst Widerwillen aus.

Datenschutz – das ist ein administratives Monster, welches mein Leben erschwert.

Datenschutz – das ist das Totschlagargument, um ungeliebte Prozesse abzuwürgen.

Dabei ist Datenschutz unser Grundrecht, welches uns gegen den Datenhunger von Konzernen und Organisationen schützt. Es verhindert Profiling und damit Diskriminierung.

Klaudia hat uns ein Jahr lang als Coach begleitet, um uns für den Umgang mit Daten in der digitalen Welt zu sensibilisieren und Wege aufzuzeigen, wie man sich als technischer Laie wappnen kann. Das vorliegende Buch liest sich für uns wie eine Zusammenfassung ihrer Coaching-Sitzungen.

In den Sitzungen hat sie uns aufgezeigt wie perfide und jeglichen Datenschutz missachtend heute von vielen Konzernen Nutzerdaten abgegriffen werden, um daraus Milliardengewinne zu generieren. Auch die Datenschutzgrundverordnung, kurz DSGVO, wird dabei häufig missachtet oder die vermeintlichen Bestimmungen werden so umständlich beschrieben, dass jeder einfach zustimmt, weil man die Tragweite der Zustimmung nicht erfasst.

Dank Klaudia sind wir in der Lage besser zu verstehen, was mit unseren Daten passiert und so informierte Entscheidungen zum Umgang mit unseren Daten zu treffen. Jedem, den wir treffen, erzählen wir davon. Ganz häufig kommt dann die »Ich habe nichts zu verbergen«-Diskussion und wir versuchen aufzuklären, welche Verantwortung jeder einzelne für sich und die Gemeinschaft hat.

Der datenbasierte Fortschritt verändert die politische und gesellschaftliche Umgebung, in der wir leben, und das über 70 Jahre alte Zitat von Pfarrer Martin Niemöller wird wieder aktuell:

Als die Nazis die Kommunisten holten, habe ich geschwiegen; ich war ja kein Kommunist. Als sie die Sozialdemokraten einsperrten, habe ich geschwiegen; ich war ja kein Sozialdemokrat. Als sie die Gewerkschafter holten, habe ich geschwiegen, ich war ja kein Gewerkschafter. Als sie mich holten, gab es keinen mehr, der protestieren konnte.

Was hast Du getan, als sie unsere und deine Daten holten?

~

Die überarbeitete 2. Auflage ist da – was hat sich geändert? Bei vielen Menschen nicht sehr viel und schon gar nicht unter Corona-Bedingungen. Als Emotet wütete waren wir froh, dass auf all unseren Privatrechnern nur noch Linux läuft und wir statt Microsoft Office LibreOffice nutzen. Als bekannt wurde, dass im Rahmen vom Solarwind Virus auch Microsoft OneDrive korrumpiert sein könnte, waren wir froh, dass unsere Daten schon seit zwei Jahren auf einer privat gehosteten Cloud liegen. Um Datenschutz muss man sich selbst kümmern und das ist so mühsam wie den inneren Schweinehund überwinden, um sich gesund zu ernähren oder ausreichend zu bewegen. Bei den letzteren beiden siegt die Ratio über den Schweinehund und beim Umgang mit digitalen Lösungen inzwischen auch.

Bei einigen Anwendungen ist die freie Open Source Welt komplizierter oder weniger komfortabel, aber sie funktioniert. Manchmal fordert sie auch Geduld und die Auseinandersetzung mit ihr, da nicht für jedes gemeinnützige Open Source Softwareprojekt genug Menschen verfügbar sind, die tolle Bedienungsanleitungen schreiben. Aber das ist wie Sport, da musst man durch, nicht um dem Herzinfarkt zu entgehen sondern dem Profiling der Datenkraken.

– Katharina Larisch & Volker Wittpahl

WIE ICH SELBST VON EINER »NORMALEN ANWENDERIN« ZUR »ZERTIFIZIERTEN DATENSCHUTZEXPERTIN« WURDE

Diesen Teil kannst Du gerne überspringen. Die spannenden Teile, warum Du Dich mit Privatsphäre beschäftigen solltest und was alles geht, kommen ab Kapitel 1.

Es ist noch gar nicht so lange her, da war ich eine normale Internetnutzerin. Ich hatte seit 2007 ein Facebook-Konto, nutzte Gmail und web.de und davor auch Myspace und StudiVZ. Ich arbeitete mit Google Docs und nutzte Google Maps, wenn ich mich irgendwo nicht auskannte. Ich »skypte« regelmäßig mit meiner Mutter und meiner Oma, hatte Evernote und Dropbox auf allen meinen Geräten und insgesamt wenig Ahnung, wie das Internet funktioniert, wie Werbetechnologien arbeiten und all die anderen Sachen, von denen später noch die Rede sein wird. Ich hatte sogar mal Kundenkarten.

Dann wechselte ich von der Uni zu einer Vollzeitstelle als Projektmanagerin in der Webentwicklung und lernte, wie das Internet funktioniert, wie man große Webseiten, Onlinespiele und Apps baut und auch, wie man Tracking, also Besucherzählung und Analyse von Nutzer:innenverhalten, einbaut und nutzt. Zu dem

Zeitpunkt war es mein Job, Kundenprojekte zu begleiten und umzusetzen und noch immer war ich mit Facebook-Veranstaltungen und -Fotoalben und allem oben genannten fleißig dabei.

Und dann gab es mehrere Ereignisse in meinem Leben, nach denen ich das vage Gefühl hatte, dass mir »Die« zu nahe auf die Pelle rückten. Personalisierte Werbung über mehrere Geräte hinweg war mir unangenehm. Bei einem Skiurlaub wusste mein Exmann genau, wo ich gefahren war, bevor ich ihm davon erzählte, weil die Familienfreigabe im Telefon ihm live anzeigte, wo sich mein Telefon – und damit auch ich – befand. Auch abseits dessen empfand ich zielgerichtete Angebote und Informationen zunehmend als übergriffig. Dabei ging es gar nicht darum, dass ich »etwas zu verbergen« hatte. Ich erzählte meinem Exmann ja auch selbst, dass ich todesmutig mit dem Skikurs die Anfängerstrecken hinunter gerast war (mit vermutlich 10 km/h). Ich fand es nur irritierend, dass er es bereits wusste.

Genauso wie viele andere ging ich damals der Illusion auf den Leim, dass »etwas zu verbergen haben« gleichbedeutend sei mit »etwas verbrochen zu haben«.

Ich jubelte, als *Anonymous* Websites des IS übernahm und mit Werbung für Potenzmittel bespielte. Ich feuerte die Jungs und Mädels von *Anonymous* an: »Go, guys, go!« Und ich beschloss, mich näher mit diesem Thema »Internetsicherheit« zu beschäftigen.

Später im selben Jahr besuchte ich meine erste »Cryptoparty«, einen jener Abende, die es in quasi jeder größeren Stadt gibt, an denen man von fachkundigen Menschen lernen kann, wie man die eigene Privatsphäre schützen kann; beispielsweise wie man eMails verschlüsselt, wie man sein Telefon sicherer macht, etc. Ich wollte damals wissen, wie das mit dieser Verschlüsselung grundsätzlich funktioniert. Nicht wegen meines Exmanns, sondern weil ich schrecklich neugierig bin. Noch ein bisschen später zog ich dann bei ihm aus und wohnte zehn Wochen bei einem Kumpel auf der Couch, bis ich eine eigene Bleibe hatte. Während dieser Zeit war ich dann öfter im Wiener Hackspace, dem *Metalab*, weil ich dort mehr »Privatsphäre« hatte, als auf der fremden Couch. Ich lernte nicht nur, wie Verschlüsselung funktioniert und welche Messenger sinnvoller sind als andere und warum, ich lernte auch eine Menge Leute kennen, die im Bereich Datenschutz und IT-Sicherheit wissen, was sie tun.

Im selben Jahr fuhr ich sehr spontan nach Hamburg zum jährlichen Kongress des CCC, des Chaos Computer Clubs. Ich war überwältigt. Neben einem ausufernden Maß an Bunt und Blinken und vielen Spaß-Projekten wie beispielsweise einem Fernschreiber, dem man via Internet Nachrichten schicken konnte, die dann auf Lochstreifen ausgegeben wurden, gab es ein Vortragsprogramm, das sich gewaschen hatte. Nahezu alles wurde von den Teilnehmer:innen selbst angeboten. Keine bezahlten Vortragenden und schon gar keine »Keynotespeaker«, sondern alles Leute, die in ihren Dayjobs tagtäglich mit dem Zeug arbeiteten, über das sie sprachen. Die Vorträge hatten insgesamt ein derart hohes Niveau, das ich an der Uni nur selten erlebt habe. Bis heute: Hut ab.

Nach diesem Kongress wurde in Wien die lokale CCC-Niederlassung re-gegründet, die die letzten zehn Jahre eingeschlafen gewesen war. Gleich zu Beginn der Vereinstätigkeit wurden zwei große Projekte gestartet: »Chaos macht Schule« wurde von Deutschland nach Wien geholt. Das bedeutet, dass Menschen in ihrer Freizeit unbezahlt in Schulen gehen und dort Workshops zu Internetsicherheit und Medienkompetenz für Schüler:innen, Lehrende und Eltern abhalten. Viele von ihnen nehmen sich dafür extra einen halben Tag oder auch länger frei, um ehrenamtlich das zu kompensieren, was andere für viel Steuergeld in ihrer Arbeitszeit versäumen. Das andere Projekt, das im selben Jahr startete, ist die »PrivacyWeek«, die seither jährlich stattfindet, 2020 dann aufgrund der Gegebenheiten komplett online. Die PrivacyWeek ist eine ganze Woche voller Workshops, Vorträge, Kunstprojekte, Filmvorführungen, Diskussionsrunden und Austausch. Zielgruppe: jede:r, den:die die Themen Privatsphäre, Medienkompetenz, Internetsicherheit und Demokratie interessieren – weil wir unser Wissen und unsere Erfahrungen in die Gesellschaft tragen wollen. Ich bin sehr glücklich, dieses Projekt bis heute mit betreuen und gestalten zu dürfen.

Im Frühjahr 2016, wenige Wochen nach meinem ersten Congress, hatte ich aufgehört, Facebook zu nutzen. Ebenso Google Maps, die Google Suche, WhatsApp, Gmail, web.de, GMX und einiges andere, was mir nicht einmal mehr einfällt. Ich hatte noch Twitter und die eMail-Adresse, die mit dem Webspace meiner Domain gekommen war. Außerdem noch Skype für das sonntägliche Video-Telefonat mit meiner Familie. In meiner Erinnerung habe ich nicht einmal gemerkt, wie ich mich langsam aber sicher von all dem anderen verabschiedet hatte.

Ich begann, Vorträge darüber zu halten, welche Dienste datensparsamer sind als andere. Ich erzählte bei Autor:innen-Treffen davon, was Hacker:innen sind und was alles nicht. Und dass niemand, der:die sich mit Internetsicherheit auskennt, jemals »Cyber« sagt, ohne es ironisch zu meinen. (Weil das nämlich von »Kybernetik« kommt und absolut nichts mit dem zu tun hat, wofür es im Marketing und in den Medien verwendet wird.)

Ich lernte im nächsten Dayjob – wieder Projektmanagement Webentwicklung –, wie große Trackinganbieter wie Adobe, IBM und Oracle arbeiten und wie ihre Verträge aussehen. Allerdings machte ich wenig Projektmanagement, weil es dafür noch eine eigene Abteilung gab. Stattdessen sollte ich mich 14 Monate lang um Google Werbebanner kümmern. Ich erzählte meinem Arbeitgeber im Wochentakt, dass ich das nicht machen will und warum und kündigte schließlich, als ich noch mehr Werbebanner auf meinen Tisch bekommen sollte.

Stattdessen machte ich die Ausbildung zur Datenschutzbeauftragten. Ich hatte mittlerweile genug gelernt, dass ich mich mit dem Thema wohlfühlte und nach der Prüfung legte ich noch eine weitere bei der österreichischen Wirtschaftskammer zur Datenschutzexpertin ab.

Der 25. Mai 2018, also der Stichtag für die DSGVO, kam und zumindest in Österreich schien damit das Thema gestorben. Schlag Mitternacht war alles ruhig. Fünf Nachzügler-eMails kamen noch am 25. vormittags, ab dann: *Totenstille*. Ab dem Zeitpunkt schaute ich voller Bewunderung nach Deutschland und Frankreich wo Datenschutz tatsächlich durchgesetzt wurde. Von einigen nordischen Ländern ganz zu schweigen. Österreich schaffte es hingegen, drei Wochen vor dem Stichtag die lokale Gesetzgebung so anzupassen, dass »Verwarnen statt Strafen« im Datenschutzgesetz steht. Entsprechend lax ist zuweilen der Umgang mit Datenschutz und gerade mal das Minimum wird in vielen Firmen umgesetzt. Im November 2019 wurde von der Datenschutzbehörde mit der 18-Millionen-Euro-Strafe gegen die österreichische Post erstmals ein ernstzunehmendes Bußgeld gegen ein österreichisches Unternehmen verhängt; dafür, dass sie die politische Einstellung der in Österreich lebenden Menschen erhoben bzw. hochgerechnet und an Werbetreibende verkauft hat. Die Post wollte rechtlich gegen die Strafe vorgehen, weil sie darin ihr zentrales Geschäftsmodell gefährdet sieht.[1] Und dann wurde es sehr still um den Fall. Aber wenn ein teilstaatlicher Betrieb sein zentrales Geschäftsmodell im Datenhandel mit sensiblen Daten sieht, sagt das ja auch schon sehr viel aus. Im Übrigen stellen die 18 Millionen ziemlich genau 1% ihres Jahresumsatzes dar. 4% wäre die mögliche Maximalstrafe gewesen. Die Datenschutzbehörde scheint also tatsächlich aktiv zu sein – ein Umstand, der in der Bevölkerung und bei den meisten Firmen nur sehr, sehr langsam sickert.

Bis jetzt nämlich gilt: Alle, die es sich leisten können, beauftragen ihre Haus- und Hof-Kanzleien, ungeachtet dessen, dass Datenschutz nur zum Teil ein juristisches Thema ist. Mindestens zur Hälfte ist es auch eine Sache von technischer Expertise. Einige haben dies bereits verstanden und ihre Teams divers aufgestellt – divers hier im Sinne der Mischung von Techniker:innen und Jurist:innen. Zwei meiner vergangenen Arbeitgeber setzten auf derart durchmischte Teams und die Arbeit zwischen Jurist:innen und Techniker:innen fand ich immer sehr bereichernd.

Auf den folgenden Seiten halte ich fest, was ich in den letzten Jahren gelernt habe.

---

1. https://kurier.at/chronik/oesterreich/post-in-der-causa-datenskandal-verurteilt/400660373

TEIL I

HINTERGRÜNDE

1

ZITRONENFALTER FALTEN KEINE ZITRONEN

Datenschutz« klingt schon so staubig. Dabei geht es beim Datenschutz nur bedingt darum, Daten zu schützen. » Zitronenfalter falten ja auch keine Zitronen.

BEIM DATENSCHUTZ GEHT ES DARUM, Menschen-[1] und Persönlichkeitsrechte[2] vor Missbrauch und Verkauf zu bewahren. Es geht darum, Eingriffe in unsere Grundrechte zu unterbinden. Es geht um Minderheitenschutz, Privatsphäre und höchstpersönliche Lebensbereiche. Es geht darum, was niemanden etwas angeht und dass das auch so bleiben darf. Es geht um gleiche Chancen für alle in unserer Gesellschaft, unabhängig von Finanzkraft, Herkunft oder gesellschaftlicher Stellung.

DER KNACKPUNKT BEIM DATENSCHUTZ IST, dass er ein Teamsport und kein individuelles Thema ist. Natürlich soll jede:r Einzelne auf seine oder ihre Geheimnisse aufpassen. Aber nur gemeinsam arbeiten wir effektiv daran, dass es für alle gleich fair

3

zugeht. Jede:r kann noch so gut auf Datensparsamkeit achten; sobald eine Person aus der Gruppe WhatsApp auf dem Telefon installiert, werden alle Daten aus deren Adressbuch automatisch an Facebook übertragen. Auch die Daten derjenigen Personen, die selbst nie ein Facebook-Konto hatten oder eröffnen würden.

DIE PRIVATSPHÄRE der einen hört dort auf, wo die Unachtsamkeit der anderen beginnt. Oder Wurschtigkeit, wie man in Österreich wohl sagen würde.

∿

Wer sind »Die« überhaupt?

Natürlich könnte ich jetzt hier von »Threatmodels« schreiben und weiß genau, dass 90% der Leser:innen an dieser Stelle frustriert das Buch schließen würden. Das ist auch nur das Technikerwort für »was ist Dein größtes Problem« oder »was ist Dein Bedrohungsszenario«.

Bedrohung? Aber ich fühle mich gar nicht bedroht! Ja, genau. Die Probleme, die das Internet und all die Technik mit sich bringen, sind leider nur selten sichtbar. Abgestumpft sind wir von all den Datenskandalen auch schon. Ich nehme mich nicht aus. So sehr es mich innerlich aufregt, entlockt es mir nur noch ein müdes Augenbrauenheben, wenn Facebook nahezu im Wochentakt den datensparsamen Vogel abschießt.

»DIE«, das sind die üblichen Verdächtigen wie Facebook, Microsoft, Apple, Amazon und Google, aber nicht nur. Ganz vorne stehen beispielsweise Versicherungen, aber auch Krankenkassen, die nur allzu gerne vom Datenkuchen naschen. Wo früher Verkehrsbeobachtung, Bewertung von Wohngegenden und Anzahl von Versicherungsfällen einer Person berücksichtigt wurden, liegen mittlerweile quasi in Echtzeit Daten aus Kartenzahlungen, Verkehrsdaten aus Navigationsgeräten, Vitaldaten aus Fitnesstrackern, Werbeprofile über Einzelpersonen und vieles mehr vor, um zu bewerten, wie risikoreich oder (un)gesund eine Person lebt.[3]

Daneben sind auch Banken sehr an unseren digitalen Spiegelbildern interessiert. Ihnen geht es in dem Fall oft um die Kreditwürdigkeit von Menschen. Obendrein kommen Kreditauskunfteien, die ein sehr großes Interesse an Deinen Lebensumständen haben.

Viele »Startups« sind aus verschiedenen Gründen regelrechte Datenlöcher. Manche achten bei ihrer Zieleverfolgung einfach nicht darauf, datensparsam vorzugehen und benutzen alles, was der Werbewerkzeugkasten so hergibt. Nicht nur für Werbung, sondern schon vorher, wenn es darum geht, ihre Apps, Services oder Webseiten mit den Softwarelösungen zu bauen, die große Anbieter wie Google oder Facebook gratis zur Verfügung stellen. Manche wollen auch bewusst vom großen Datenkuchen naschen und als ein Rädchen von tausenden in der Datenhandelsmaschinerie mitspielen.

Danach kommen Konzerne, Firmen, staatliche Stellen, Leute, die Geld machen wollen und last but not least: Menschen, die den Brexit und die Wahl Trumps zum US-Präsidenten, aber noch weitaus mehr konzertierte politische Einflussnahmen weltweit zu verantworten haben. Und zwischen all denen machen tausende Datenhändler eine Menge Geld damit, Datenmengen anzukaufen, abzugleichen, zusammenzuführen und weiterzuverkaufen.

Wenn Du mehr über staatliche Überwachung und die Maschinerie dahinter erfahren möchtest, kann ich Dir die Biographie von Edward Snowden »Permanent Record« sehr ans Herz legen.

Dass auch die staatliche Nutzung unserer privaten Daten ein Thema ist, zeigte im Januar 2020 der Clearview-Zwischenfall.[4] Da wurde bekannt, dass eine Firma namens Clearview Fotos aus Facebook, Twitter, Youtube und anderen. Die Rede war von drei Milliarden Bildern. Daraus haben sie eine riesige Datenbank mit Gesichtsbildern von Menschen erstellt. Sie bieten ihre Dienste über 600 Behörden, aber auch privaten Unternehmen an. In einem Artikel der Zeit steht: »Clearview überwacht, nach welchen Personen die Polizei sucht«. Der ganz besonders beunruhigende Teil ist, dass Behörden Daten von Startups und Marketingunternehmen einkaufen, auf deren Basis sie Ermittlungen führen.

~

Klick und weg: DSGVO

Nee, bleib weg! Alles nur schwachsinniges Gelaber und alles ist viel komplizierter geworden! Mein Arzt will eine Einwilligung von mir, dass er mein Blut wie vorher auch immer ans externe Labor zur Untersuchung schicken darf! ...

Ja, ich weiß. Es ist soviel Blödsinn passiert, dass die Wörter »DSGVO« genauso wie »Datenschutz« völlig *verbrannt* sind. Bei den Wörtern stellt es den meisten die Nackenhaare auf. Bis auf ein paar Leute, die freiwillig in dem Bereich arbeiten (ich zum Beispiel), hat kaum jemand positive Assoziationen dazu. Und zwar – leider – aus gutem Grund.

Versuchen wir es trotzdem, ja? Also: Was ist die DSGVO und warum wollen wir sie haben?

Die DSGVO, die europäische Datenschutz-Grundverordnung, ist tatsächlich ein großer Gewinn auf der Seite von Bürger:innen. Leider versäumten es die Regierungen sowohl in Deutschland als auch in Österreich (sowie auch in den meisten anderen europäischen Ländern), innerhalb der zwei Jahre Vorlaufzeit zwischen Inkrafttreten der DSGVO im Mai 2016 und ihrer tatsächlichen

Ausführung am 25. Mai 2018, hilfreiche Informationen zu produzieren und flächendeckend auszugeben. Statt zwei Jahren, die eine relativ bequeme, tiefergehende Information und halbwegs entspannte Umsetzung ermöglicht hätten, blieben letztlich nur zwei Monate, um die Auflagen der DSGVO zu erfüllen.

Die zwei Monate vor dem Stichtag am 25. Mai 2018 waren überall hektisch. Zu Recht waren Websitebetreiber:innen, kleine und mittlere Unternehmen (KMU), Anwält:innen, Blogger:innen, Unternehmer:innen, Podcaster:innen, Vereine, Ärzt:innen, … unglücklich darüber, die strengen Auflagen der DSGVO für ihr jeweiliges Angebot in viel zu kurzer Zeit und ohne hinreichende Informationen umzusetzen; schließlich standen sie mit der Aufgabe im Dunkeln – allerdings allesamt in einem Boot und damit nicht alleine da. Immerhin. Eine Glanzleistung war die Kommunikation seitens Politik und Wirtschaftsvertretungen eindeutig nicht und ist sie in meinen Augen in den zwei vergangenen Jahren seit 2018 auch noch immer nicht geworden; obwohl es zumindest in den meisten Ländern mittlerweile einige hilfreiche Handreichungen für Unternehmen und Selbständige gibt. Die Datenschutzbehörden der Länder bieten häufig sehr gute Informationen und manche auch Beratung an und sind oft auch auf Social Media unterwegs und ansprechbar (zumindest auf Twitter und Mastodon). Und so langsam kommt auch etwas Bewegung in die Sache, was die Ahndung von Datenschutzvergehen angeht.

Viele beklagten sich 2018 darüber, dass die DSGVO schwammig formuliert ist und viele Details unklar seien oder fehlen. Das stimmt. Es war aber auch geplant, die DSGVO gemeinsam mit der ePrivacy-Verordnung an den Start zu schicken. Die ePrivacy-Verordnung soll all das beinhalten, was in der DSGVO an konkreter Umsetzung fehlt. Leider haben sich hier die Lobbyisten der Werbeindustrie durchgesetzt und die ePrivacy-Verordnung auf das Abstellgleis befördert.[5] Anfang 2021 hat Portugal die EU-Ratspräsidentschaft übernommen und nur wenige

Tage danach einen neuen Entwurf der ePrivacy-VO vorgelegt.[6] Bleibt zu hoffen, dass jetzt wieder etwas Schwung in die Sache kommt.

2016 blieb allerdings nur noch die DSGVO übrig mit all ihren Höhen und Tiefen. Im Übrigen ist es ein himmelweiter Unterschied, zwischen dem Stempel »DSGVO-konform« auf einem Angebot, einer App, Webseite, … und tatsächlicher Datensparsamkeit. Die DSGVO sagt nämlich lediglich, dass die Betreiber angeben müssen, was mit den Daten passiert. Es sagt absolut nichts darüber aus, wie datensparsam ein Unternehmen, eine App etc. tatsächlich ist. Dies macht allerdings einen wichtigen Unterschied.

Der Großteil der Menschen, die Websites oder Onlineshops anbieten, Kundenverkehr etc. haben, haben es mittlerweile geschafft, die Auflagen umzusetzen. Für uns Bürger:innen und Konsument:innen das Sichtbarste sind dabei die Informationspflichten; also Aushänge mit Hinweisen auf Kameraüberwachung und die mittlerweile allgegenwärtigen Datenschutzerklärungen. Manche haben ihre Datenschutzerklärungen, sei es aus Angst, etwas falsch zu machen (und mit drakonischen Geldstrafen bedroht zu werden), sei es aus der Annahme, einen juristisch bindenden Text verfassen (und dafür einen teuren Anwalt engagieren) zu müssen, mit Hilfe von Datenschutzerklärungs-Generatoren verfasst, die zwar teils fehlerhafte Texte ausgeben, aber besser als nichts. Selber schreiben hätte in den meisten Fällen nicht viel länger gedauert und dann wüsste man wenigstens selbst, was drin steht. Aber das ist in der allgemeinen DSGVO-Panik vor dem 25. Mai 2018 auch völlig untergegangen. Mittlerweile sind zwei Jahre vergangen und es wird Zeit, die Datenschutzerklärungen mal durchzuschauen, ob denn alles darin noch so stimmt, oder ob sich in den vergangenen zwei Jahren vielleicht etwas geändert hat: neuer Hostingservice? Andere Vertragspartner? Neue Software im Einsatz? Alle, die Datenschutzerklärungen schreiben mussten, haben also jederzeit die Chance, selbst etwas über ihr Unternehmen und die Datenflüsse zu lernen. Und vielleicht auch etwas nachzujustieren, wo noch etwas besser geht.

Sei es, wie es sei, für Bürger:innen, Konsument:innen, Website-besucher:innen, Kund:innen bietet die DSGVO völlig neue Möglichkeiten. Wir haben mit dieser EU-Verordnung ein Werkzeug an die Hand bekommen, mit dem wir überhaupt erstmals die Macht bekommen, unsere Privatsphäre einzufordern. Wir können (und sollten) lernen, diese Macht auch zu nutzen. Ganz langsam trauen sich immer mehr Menschen, Anfragen zu stellen, was mit den über sie und ihr Verhalten gesammelten Daten passiert. Mehr Menschen beschweren sich, wenn ihnen ein Datenverkauf nicht passt. Wie die Daten »verwurstet« und an wen sie weiterverkauft werden. Die Datenschutzbehörden haben dazu passende Formulare und Textvorschläge auf ihren Webseiten gesammelt. Wir haben die Möglichkeit, selbst der Sand im Getriebe einer ganzen Datenindustrie zu sein und den Verantwortlichen auf die Finger zu klopfen. Und das ist gut so, schließlich geht es um unsere digitalen Spiegelbilder und die Auswirkungen, die der Datenhandel direkt auf unser Leben, unsere Selbstbestimmung, unsere Grundrechte, die Demokratie und nicht zuletzt auf unsere Geldbeutel hat.

〜

Nerv nicht! Sch* Banner und Pop-ups überall.

Alles DSGVO, oder was? Was sollen diese ganzen Popups und Warnmeldungen, die ich nicht verstehe und die immer nur im Weg sind?

Kommen wir dazu, dass viele, insbesondere große Websites wie Newsportale, große Webshops etc., die DSGVO, sagen wir mal, *halb* umgesetzt haben. Die DSGVO fordert nämlich leicht zu findende, für jede:n verständliche Informationen, welche Daten gesammelt werden, wozu und was genau (!) mit den Daten passiert. Ja, die meisten Seiten zeigen einen Hinweis, dass personenbezogene Daten verarbeitet werden. Aber schon alleine das Wozu und der Detailgrad, was damit dann passiert, an wen sie weitergegeben oder verkauft werden, da hapert es gewaltig. Außerdem ist der Hinweis meistens so verschwurbelt, dass keine:r versteht, was eigentlich mit den Daten wirklich passiert. Die Cookie-Banner nerven, die Popups auch, von den doppelten und dreifachen Newsletter-eMails müssen wir jetzt gar nicht anfangen und überhaupt ist Surfen im Netz anstrengend geworden. Aber:

Der Sinn der Sache ist, dass Nutzer:innen eine *informierte Entscheidung* treffen können, ob sie ein bestimmtes Angebot nutzen möchten – lies: ob ihnen das die Bezahlung wert ist; Mit Bezahlung ist gemeint, was auf der Plattform und darüber hinaus mit den Informationen über die Nutzer:innen geschieht. Marketing sei Dank sind die Erklärungstexte extra lang und so mühsam geschrieben, dass niemand Bock hat, sie zu lesen und alle den Hinweis nur wegklicken, womit sie bei den meisten Seiten automatisch in alles einwilligen, inklusive Datenhandel, Verfolgung und Profilerstellung über alle Geräte und das gesamte Internet hinweg.

Ja, da ist System dahinter. Anbieter von großen Onlineshops ebenso wie Hardwarehersteller usw. haben absolut kein Interesse an mündigen und aufgeklärten Bürger:innen. Sie machen es uns absichtlich schwer und umständlich, die Infos, die sie rechtlich geben *müssen*, zu finden, zu lesen und zu verstehen.

WICHTIG: *Du bist nicht zu doof, es wird Dir absichtlich schwer gemacht.*

SO SCHWER, wie möglich. Ich weiß es, ich habe versucht, in einem Unternehmen verständliche Datenschutzerklärungen einzuführen und mir wurde gesagt, es sei nicht im Interesse des Unternehmens, dass die Kund:innen lesen und verstehen können, in was sie mit Unterzeichnung des Vertrags einwilligen. Denken wir an das Beispiel der österreichischen Post: Ihr zentrales Geschäftsmodell ist laut ihren eigenen Aussagen der Datenhandel.[7] Pakete austragen? Höchstens noch ein Seitenzweig.

APROPOS SCHWERMACHEN UND NERVENDE COOKIE-BANNER. Ja, auch die sind häufig absichtlich sehr missverständlich gestaltet. Drauf verlassen, dass der gut sichtbare bunte Knopf die datensparsame Variante bestätigt, wäre vermessen. Da muss man aufpassen wie ein Schießhund, wirklich das Richtige zu klicken. Und ja, das geht allen so, selbst Menschen, die im Bereich Datenschutz arbeiten fallen oft genug auf die verwirrend gestalteten Cookie-Banner rein. Der Journalist Richard Gutjahr hat im Dezember 2020 ein Video veröffentlicht[8], wo er sich genau mit dem Thema auseinandersetzt. Angefangen damit, dass die alle so aussehen, weil das *iab*, das Interactive Advertising Bureau, also die Lobbyvereinigung der Online Werbeindustrie, sich diesen sogenannten Standard für das Design von Cookiebannern ausgedacht hat. Im Video sieht man, wie der Bayrische Datenschutzpräsident, Michael Will, im festen Glauben, alle Cookies deaktiviert zu haben, voll auf das verschachtelte Design reinfällt. Auch er ist in die Falle getappt, die uns von der Werbeindustrie täglich millionenfach gestellt wird.

HINWEIS: Auch hinter dem unscheinbar grauen Link »berechtigtes Interesse« stecken noch vorausgewählt angeschaltete Tracker!

DAS GANZE VIDEO ist übrigens eine große Empfehlung. Richard Gutjahr unterhält sich mit Tiemo Wölken, der als Abgeordneter in Brüssel arbeitet und sich sehr für Datenschutz stark macht.

1. https://de.wikipedia.org/wiki/Menschenrechte
2. https://de.wikipedia.org/wiki/Pers%C3%B6nlichkeitsrecht_(Deutschland)
3. https://www.mckinsey.com/industries/financial-services/our-insights/harnessing-the-potential-of-data-in-insurance
4. https://www.zeit.de/digital/datenschutz/2020-01/clearview-gesichtserkennung-datenschutz-privatsphaere
5. https://netzpolitik.org/2019/eu-staaten-koennten-eprivacy-verordnung-abwracken/
6. https://fm4.orf.at/stories/3011067/
7. https://kurier.at/chronik/oesterreich/post-in-der-causa-datenskandal-verurteilt/400660373
8. https://www.youtube.com/watch?v=uE9RjfBmo6k (Um das Video ohne Google-Tracking zu schauen, kannst Du den Dienst Invidio.us nutzen.)

2

DAS INTERNET HINTER DEN DISPLAYS

Auf der Datenautobahn sich selbst und andere nicht umbringen

Im Straßenverkehr haben wir eingesehen, dass wir Regeln brauchen. Und Verkehrserziehung für die nachwachsenden Generationen. Der Straßenverkehr zeichnet unser Stadtbild und auch auf dem Land geht nichts ohne. Wir lernen, uns zu Fuß, mit dem Fahrrad, einem eRoller, mit dem Auto, Motorrad oder LKW durch den Verkehr zu navigieren und vor allem, auf andere zu achten.

AN DIESER STELLE hängt das vielstrapazierte Bild der Datenautobahn schief. Wir kaufen ein vernetztes Gerät – sei es ein Smartphone, ein Kühlschrank, ein Tablet, eine Glühbirne, eine sprechende Puppe oder ein smartes Plüschtier –, schalten es ein und preschen, wie vom Hersteller gewollt, mit Vollgas auf die vorgegebene Straße, ohne nach rechts und links zu blicken. Uns selbst oder andere vor einem Frontalaufprall schützen? Aber wozu das denn? Es ist doch alles so schön bunt und blinkt und ist leicht zu benutzen. Dank »Gamification«, also spielerischen Komponenten wie kleinen Belohnungen, »X Tage am Stück unsere App benutzt – Gratuliere!!!«, werden wir mit voller Absicht in eine Spielwelt geführt und dort gehalten. Die Apps, Webseiten und Geräte sind absichtlich gestaltet wie ein buntes, lustiges Kinderkarussell: Es macht Spaß und bewegt sich langsam und spielerisch in vorgegebenen Bahnen.

Tatsächlich aber nehmen wir das Gerät aus der Schachtel, schalten es ein und rasen ab Sekunde 1 mit 260 Stundenkilometern in den Gegenverkehr, ohne es zu merken – weil die Anbieter nicht wollen, dass wir es merken. Vor allem aber auch, ohne auf die anderen zu achten. Aber »Privatsphäre« und »Datenschutz« klingen doch schon so langweilig. Im Verkehrsalltag sind Begriffe wie »Gurtpflicht«, »Fahrradhelm« und »Fahrspurassistent« aber vollkommen selbstverständlich. Verkehrserziehung und Führerscheine auch. Weil wir als Gesellschaft beschlossen haben, dass es uncool ist, wenn Teile der Gesellschaft andere Teile aus Unachtsamkeit umbringen.

UMBRINGEN?! Jetzt übertreibt sie aber! Wirklich? Stimmt, im ersten Moment ist das Bild etwas drastisch. Aber kommen wir zurück dazu, dass Datenschutz ein Teamsport ist. Angenommen, ich habe Daten von Personen in meinem Telefon, die sich aktivistisch engagieren. Fridays for Future, beispielsweise. Angenommen, ich würde jetzt WhatsApp installieren, würden alle Daten, die in meinem Adressbuch liegen – inklusive Fotos, Adressen, eMail-Adressen, Social Media Accounts, Messengeraccounts, Telefonnummern und Tags (also »Etiketten«) wie »Mutter«, »Bruder«, »beste Freundin«, »Klientin«, »Patientin«, »FFF - Fridays for Future«, »Ortsgruppe XY«, »Oma« etc. direkt zu Facebook übertragen. Vollkommen irrelevant, ob die Personen selbst ein WhatsApp- oder Facebook-Konto haben oder nicht. Sie bekommen Dein komplettes Adressbuch mit allem drin und natürlich ab dem Zeitpunkt alle Kommunikation, die über ihre Server läuft.

Wir sind immer noch beim FFF-Beispiel. Die momentanen Regierungen tun zwar oft nicht viel, aber immerhin tolerieren sie die Klimademonstrant:innen. Angenommen, das würde sich ändern – Trump, Brexit, ... – wäre es ein Leichtes, als Regierung bei Facebook eine Werbekampagne zu buchen, die gezielt Klimaaktivist:innen anspricht. Zum Beispiel alle, die in Hamburg sind. Binnen Minuten hätte das Regierungsbüro für sehr wenig Geld eine komplette Liste aller Leute in ihrer Datenbank, die das Etikett »FFF« tragen und ihren Lebensmittelpunkt in Hamburg haben. Und wie lange würde es wohl dauern, bis sie die realen Personen zu diesen Facebook-Profilen und Schattenprofilen herausgefunden hätten? Ein Anruf beim Einwohnermeldeamt und zwei Stunden Recherche, wäre meine Vermutung.

Wie? Alle FFF-Menschen aus Hamburg? Nun ja, ein Datum, das unsere Smartphones von sich geben, sind die GPS-Koordinaten. Auch die IP-Adresse des Internetanschlusses daheim kann – je nach Internetanbieter – grob einer Stadt und manchmal auch einem Bezirk zugeordnet werden. Wenn man jetzt um eine Koordinate, sagen wir mal, das Rathaus in Hamburg, einen Kreis mit 2.000 Metern Durchmesser legt, hat man eine ziemlich genaue Information, welche Geräte sich regelmäßig in diesem Kreis aufhalten. Das nennt sich dann »Geo-Targeting«. »Targeting« bedeutet soviel wie »anvisieren« oder »zielen«. Darüber hinaus ist es möglich, mehrere Kreise auf dieses Geodaten-Raster zu legen und diese Kreise können einander auch ausschließen. So ist es möglich, einen sehr kleinen Bereich zu targeten. Also beispielsweise nur den Rathausplatz. Order auch »diese eine Kneipe da«. Technisch sind die Grenzen mittlerweile im Meterbereich. Und auch das ist keine Technologie, die nur Facebook hat. Geo-Targeting ist sehr weit verbreitet, nicht zuletzt in der Werbeindustrie, zum Beispiel um einzelne Geschäfte oder Filialen herum.

Schattenprofile

Schattenprofile? Was soll das denn sein? Facebook sammelt nicht nur alle Informationen, die es über die eigenen Nutzer:innen bekommen kann, es sammelt überhaupt alle Informationen über jeden Menschen auf der Welt, auch wenn dieser selbst gar keinen Facebook-Account hat. Die Person könnte es sich ja nochmal anders überlegen. Abgesehen davon hat Facebook somit ein gutes Abbild unserer sozialen Gefüge – und damit kommen wir zum eigentlichen Geschäftsmodell hinter Facebook. Hast Du noch nie danach gefragt, warum Facebook seine Services gratis anbietet, wenn es selbst mehrere Rechenzentren betreibt, die ca. den Stromverbrauch von San Francisco haben und etwas mehr als 35.000 Angestellte hat (Zahl von 2018 [12]), die wiederum Kinder haben, die zur Schule gehen, etwas zu essen haben und mit auf Klassenfahrt fahren wollen? Die bezahlte Facebook-Werbung für den Gemeindebasar am kommenden Samstag deckt die Ausgaben nur zum sehr kleinen Teil.

Facebook hortet Daten darüber, wer mit wem kommuniziert, wann, wo, wohin, unterwegs mit welcher Geschwindigkeit und auf welcher Route (= zu Fuß, mit dem Auto, dem Bus, der Bahn, der uBahn, …), wann nicht (= wann Du schläfst) etc. pp. Das nennt man Metadaten. Also alle Informationen, die über den reinen Nachrichteninhalt hinausgehen. Ob ich meinem Freund schreibe: »Bring bitte zwei Milch und ein Brot mit«, kann Facebook völlig egal sein. Die Tatsache, dass wir kommuniziert haben, wo jede:r von uns war und so weiter, das ist der spannende Punkt.

Nicht, dass unsere Zahlungsinformationen sie kalt lassen würden. Facebook versucht, an so viele Zahlungsdaten wie möglich zu kommen.[34] Abgesehen von ihrem eigenen Zahlungsdienst Facebook Pay, der im November 2019 an den Start gegangen ist.[5] Der wirklich interessante Teil für Facebook ist aber noch immer der »soziale Graph«, also unsere jeweiligen sozialen Gefüge, in denen wir uns bewegen. Die gesellschaftlichen Dynamiken können sie dann auswerten (Stichwort »Big Data«) und so mit einer erschreckenden Genauigkeit vorhersagen, beispielsweise welches Paar sich bald trennen wird.[67] Aber auch alle sonstigen Offlineaktivitäten und all unsere Interessen sind für das Netzwerk höchstinteressant.[89] Inklusive unserer Kundenkarten.[10]

Und Facebook ist mit diesem Modell nicht alleine. Google macht ziemlich genau dasselbe[11], nur dass es durch sein hauseigenes Betriebssystem Android auch noch quasi alles, was Menschen auf ihren Smartphones und Tablets tun samt allem, was die Sensoren der Geräte hergeben, frei Haus auf dem Silbertablett bekommt.

Bis zurück in die Steinzeit (fast)

Amazon hat unsere Kauf- und Such-Historie bis zurück zur Kontoerstellung – bei mir ist das 1998. Von Alexa-Geräten, die immer mithören und deren Aufzeichnungen teilweise transkribiert werden, ganz abgesehen.

Dumme Speaker

Mit Amazon Alexa, Apple Siri, Google Assistant, Samsung Bixby und Microsoft Cortana haben alle großen Hardware-Hersteller einen »smarten« Assistenten am Start. All diese Assistenten sind nicht schlau. Unsere Geräte, auch unsere Smartphones, sind zwar um ein Vielfaches stärker als die Computer, mit denen die ersten Menschen zum Mond geflogen sind, aber sie reichen nicht aus, um menschliche Sprache in Echtzeit zu analysieren. Deswegen laufen die Algorithmen, die unsere Spracheingaben analysieren und eine passende Antwort raussuchen, auch nicht auf den winzigen Geräten, sondern in der Cloud, also auf Computern in großen Rechenzentren der jeweiligen Herstellerfirmen. Nur die Erkennung, ob jemand das »Zauberwort« sagt, um den Assistenten zu aktivieren, die läuft tatsächlich auf dem Gerät selbst. Sobald das Gerät meint, das passende Wort erkannt zu haben, reicht es alles, was es hört, an die Server weiter. Auch oft genug dann, wenn gar kein Aktivierungswort gesagt wurde, weil es vielleicht etwas falsch verstanden hat oder weil ein technischer Fehler vorliegt. Beim Hersteller werden viele dieser Sprachaufzeichnungen von Menschen angehört und zum Teil auch transkribiert und weitergegeben. Sie sagen, das sei *zur Verbesserung des Service.*

Alexa-Geräte stehen in vielen Küchen, Wohnzimmern und auch Schlafzimmern und Du kannst Dir jetzt ausmalen, was dort alles zu hören ist. In den Wohnzimmern haben sie Verstärkung von Amazon Fire-TV Geräten und Alexa-fähigen TV-Fernbedienungen. Seit einer Weile bietet Amazon auch »smarte« Haustechnik wie Überwachungskameras und Türklingeln an.[12]

Es gab auch Alexa-Geräte mit Kamera, angeblich für »Stilberatung« oder virtuelle Kleideranproben.[13] Tatsächlich sah Amazon dadurch natürlich auch, ob es einer Person gut geht, ggf. Haltungsschäden, Hautkrankheiten, Depressionen, Über- oder Untergewicht und so weiter. Das konkrete Gerät hat sich wohl nicht durchgesetzt, zumindest ist es nicht mehr erhältlich. Alexa-Geräte mit Kamera gibt es allerdings trotzdem, nur dass sie mittlerweile dazu verwendet werden, Video-Telefonie über die Amazon-Server anzubieten. Das heißt, Amazon schaut und hört bei allen Gesprächen mit Familie und Freunden direkt zu.[1415]

Erkältungskrankheiten sollen die Stimm-Algorithmen erkennen können und beim nächsten Amazon-Besuch bekommt man passende Produkte zur schnelleren Besserung vorgeschlagen, wenn Amazon das 2018 eingereichte Patent in die Tat umsetzt.[161718]

. . .

IN DIVERSEN ARZTZIMMERN sind ständig Siri oder Google-Assistent-Geräte anwesend – schließlich nimmt jede:r Telefon und Uhr mit hinein. So kamen auch Sprachaufzeichnungen aus Besprechungszimmern zu Apple und wurden dort transkribiert.[19][20]

ALEXA IST JETZT AUCH SCHON in Kopfhörern bzw. in deren dazugehörige App eingebaut und Brillen und Anhänger sind auf dem Vormarsch. Das heißt, Menschen »verwanzen« jetzt nicht mehr nur ihr eigenes Zuhause, sondern vielleicht sitzt gerade jemand mit einem Paar Alexa-fähigen Kopfhörern neben Dir und Alexa hört zu, wie Du Dich gerade mit der Sitznachbarin über deren kranken Ehemann unterhältst, weil das Gerät dachte, sein Aktivierungswort gehört zu haben. Oder dem Geschäftsmann, der viel zu laut in der Straßenbahn seine Firmengeheimnisse rumschreit. Oder der Person, die gerade öffentlich ihre Kreditkartennummer zum Abgleich durchgibt. Wir kennen sie alle, diese Situationen, wo wir uns fragen: Aber wieso?

Microsoft sollte nochmal die Schulbank drücken

Microsoft saugt alles auf, was Menschen mit Windows10 oder Microsoft 365 (vorher »Office 365« genannt) so tun, wem sie schreiben und so weiter. Wer einen Serienbrief mit Microsoft 365 schreibt, schiebt seine gesamte Kundendatenbank (oder wer sonst die Empfänger:innen sind – Geschäftskontakte? Eltern? Anleger:innen? Private Investor:innen?) – auf die Microsoft-Server, wo sie für alle Behörden, die mit den USA kooperieren, offenstehen. Skype wird in Echtzeit mitgehört und ggf. lauschen Mitarbeiter:innen direkt in die Gespräche rein. Es gibt mittlerweile zwei Gutachten von der niederländischen Datenschutzbehörde sowie vom BSI in Deutschland[21], dass Microsoft Windows10 sowie Microsoft 365 nicht datenschutzkonform einsetzbar sind. Im Juli 2019 wurde der

Einsatz von Microsoft 365 in Schulen für unzulässig erklärt.[22] Nach Gesprächen mit Microsoft hat der entsprechende Datenschutzbeauftragte sein Urteil – sagen wir mal – abgemildert. An den Produkten selbst hat sich allerdings nichts geändert. Daher gab es im Herbst 2020 einen neuerlichen Beschluss der Datenschutzkonferenz des Bundes und der Länder (DSK), dass kein datenschutzgerechter Einsatz von Microsoft Office 365 möglich sei.[23][24][25] Die Gründe hierfür sind, dass Art und Verarbeitung der Daten unklar sei und zum Teil keine Rechtsgrundlagen für die Verarbeitung bestünden. In weniger »Rechtssprech« Soll heißen: Es ist aus den vorliegenden Informationen nicht oder nur unzulänglich ersichtlich, welche Daten überhaupt verarbeitet werden, was genau mit denen passiert und dass es keine rechtliche Grundlage dafür gibt, das überhaupt was mit den Daten gemacht wird.

Das Grün der anderen Wiese

Und Apple? Sie positionieren sich bewusst gegenüber Google, Facebook und Microsoft als datenschutzfreundliches Unternehmen, aber alles ist auch dort nicht so schön, wie es sein könnte. Der Vorfall mit den Siri-Aufnahmen aus Besprechungszimmern hat zumindest dazu geführt, dass die Aufnahmen umgehend abgeschaltet wurden.[26] Aber »Wichtige Orte« auf iPhones zeigen noch immer eine sehr genaue Aufzeichnung, wo Du Dich aufgehalten hast[27] und »Wo ist« zeigt Dir nicht nur verloren gegangene Geräte, sondern auch, wo sich Freunde und Familie gerade aufhalten – wir denken zurück an meinen Exmann, der wusste wo ich war, auch wenn ich es ihm nicht erzählt hatte. Und ich hatte es ihm noch (damals unwissentlich) durch die Familienfreigabe selbst serviert.

≈

Das Internet »hinter den Displays«

Bevor Du weißt, was Du tun kannst, solltest Du wissen, wie (und wieso) das Internet funktioniert. Natürlich kannst Du auch zu Teil 2 und den Quickwins weiterblättern und das hier später lesen.

WAS ICH BEI vielen Workshops und Vorträgen schon gehört habe ist: »Das Internet hat mit meiner Alltagswelt nichts zu tun. Ich mache nur abends zuhause ab und zu mal den Rechner / das Tablet auf dem Sofa an.« Zum Glück stirbt diese Ansicht langsam aus. Denn das Internet ist alles andere als »eine andere Welt«. Es ist eine zusätzliche Ebene, die zu unserer physischen Welt hinzugekommen ist und überall sind Wurmlöcher in diese Ebene der Kommunikation hinein; vermutlich auch in Deiner Hosentasche. Oder Deiner Kaffeemaschine (Stichwort »Internet of Things«). Das Internet ist mittlerweile vollständig in unsere Alltagswelt integriert. Nicht mehr nur Computer kommunizieren über das Internet. Wir Menschen reden miteinander durch das Netz. Und noch viele Milliarden mehr Geräte kommunizieren darüber; vollkommen automatisiert.

Ein bisschen Internet-Geschichte

Es fing alles ganz harmlos an und ich vereinfache die Geschichte hier. In den 1960ern beschlossen Menschen, dass es total super wäre, wenn man nicht immer das Rad neu erfinden oder langsame Postsendungen verwenden müsste, um auf denselben Informationsstand zu kommen. Dahinter steckte im ersten Anlauf das Militär, danach kamen sofort Universitäten dazu. Damals war Zusammenarbeit das Schlagwort. Gemeinsames Arbeiten an Dokumenten, Informationsaustausch und Wissensvermehrung standen im Vordergrund. Und Ausfallsicherheit. Es sollte über Telefonleitungen

(»Klingeldraht«) ein dezentrales Netz geschaffen werden, das auch dann noch funktioniert, wenn ein Knotenpunkt beispielsweise durch einen Bombentreffer ausfallen würde. Niemand dachte daran, wie das Internet 60 Jahre später aussehen würde.

eMail war fast von Anfang an dabei. Oder zumindest die Vorläufer davon. Jemand dachte sich, es wäre doch ganz toll, noch eine persönliche Nachricht an ein geteiltes Dokument anhängen zu können. Diese Nachrichten verselbständigten sich dann und seit 1989 sehen eMails grundsätzlich so aus wie heute, wenn man sich den bunten Werbekram mal wegdenkt.

In den 1980ern erfand Tim Berners Lee das »WWW«, das »World Wide Web«, mit dem »HTTP-Protokoll« (»Hyper Text Transfer Protocol«), um nicht nur Dokumente zu teilen, sondern Informationsseiten anzeigen und vor allem, Informationen mit anderen verlinken zu können (»Hyperlinks«). Dokumente konnten also plötzlich Verweise auf andere Dokumente enthalten und so konnte Wissen intelligent verknüpft werden. Tim Berners Lee ist einer derjenigen, der beim heutigen Internet in seiner kapitalisierten und datenschachernden Perversion die Hände über dem Kopf zusammenschlägt. Zu Recht.

WENN ALSO DAVON DIE Rede ist, das Internet sei für uns alle »Neuland«, kann man leider nur müde lächeln. 60 Jahre stecken bereits drin. Was tatsächlich neu ist, ist die Geschwindigkeit der Entwicklung und auch, dass wir alle mit Taschencomputern (Smartphones) und 24/7 Trackern (dieselben Smartphones plus Smartwatches, Fitnesstracker, Alexa-Kopfhörer, »Blackboxen« und versteckte SIM-Karten in Autos und Navigationsgeräten etc.) rumlaufen bzw. -fahren.

Die grundlegende Funktionsweise hat sich seit damals nicht geändert, es sind nur buntere Komponenten hinzugekommen.

Wie funktioniert eine Webseite?

Webseiten gehören zum WWW und werden mit Browsern aufgerufen und angezeigt. Ein Browser ist ein Anzeigeprogramm (also Software) für »HTML« (»Hyper Text Markup Language«, das Datenformat von Webseiten) das über »HTTP« (»Hyper Text Transfer Protocol«) übertragen wird. Das »S«, das heute bei nahezu allen Webseiten am HTTP angehängt ist, steht für »Secure«. »HTTPS« bedeutet also, dass eine verschlüsselte Verbindung , also ein »Tunnel«, zwischen Deinem Browser und dem Server der Website hergestellt wird. Das heißt, dass Du wirklich das angezeigt bekommst, was vom Server dieser Webseite tatsächlich ausgespielt wird, weil der Weg zwischen Deinem und ihrem Rechner »abgeschlossen« ist wie ein Tunnel und niemand auf dem Weg etwas einschleusen, rausnehmen oder verfälschen kann. Es bedeutet allerdings nicht, dass alles, was von der Webseite ausgesendet ist, auch *sicher* ist. Nur, dass alles, was von der Webseite kommt auch von deren Server kommt. Das können aber auch Tracker und Schadsoftware sein.

Das Netz-Adressbuch

Die Grundfunktion des WWW ist relativ einfach mit einem kleinen Umweg am Anfang. Wenn Du eine Webseite aufrufst und eine Adresse in Dein Browserfenster eingibst (oder auf ein Lesezeichen klickst), dann schickt der Browser zuerst eine Anfrage an einen Server, ob der diesen Namen kennt. Das ist der DNS-Server (»Domain Name System«) und zwar meistens der Deines Internetproviders. Sollte der DNS-Server Deines Providers die Adresse nicht kennen, reicht er Deine Anfrage weiter an einen anderen DNS-Server und danach ggf. noch einen weiteren. Es gibt DNS-Server für .de-Adressen, für .at-Adressen, für .com-Adressen, für .black-Adressen etc. Wenn die Domain irgendwo registriert ist, kennt spätestens einer der nächsten DNS-Server den Domain Namen, also das, was Du gerade eingegeben hast. Für uns Menschen ist es einfacher, nach Namen zu suchen, Computer kennen nur Zahlen.

Der DNS-Server antwortet Deinem Browser, wenn er den Namen findet, mit der Adresse des Servers, der mit diesem Namen registriert ist. In etwa wie in einem Telefonbuch: Name rein, Nummer raus. Die Zahlenkombination, die der DNS-Server ausgibt, ist die IP-Adresse des Computers, auf dem die Website mit dem angefragten Namen liegt. IP steht für »Internet Protocol«. Jedes Gerät, das mit dem Internet verbunden ist, hat eine IP-Adresse. Auch die Kaffeemaschine, das Plüschtier, die Zahnbürste und Dein Smartphone.

Was ist eigentlich ein Server?

Ein Server ist ein Computer, der meistens irgendwo in einem Rechenzentrum steht. Fast so wie Deiner, nur ein bisschen leis-tungsstärker mit mehr Arbeitsspeicher und mehr Festplattenkapa-zität. Auf dem läuft ein Betriebssystem, beispielsweise ein Linux und darauf dann Programme. »Webserver« ist ein Programm, das auf diesem Computer läuft. Damit wird dieser Rechner zu einem, der Anfragen aus dem Netz entsprechend behandeln kann. »eMail-server« wäre ein anderes Programm, das darauf laufen kann und dann würde der Rechner zu einem, der eMails versenden und empfangen kann. Tatsächlich sind es eine ganze Reihe an Program-men, die zusammenspielen, um die jeweiligen Funktionen zu bilden, aber das Prinzip ist, denke ich, klargeworden. Ein Server ist quasi ein Computer wie Deiner.

Zurück zum Internet

Wenn Du zum Beispiel taz.de aufrufen möchtest, gibst Du im Browser »taz.de« ein und Dein Browser fragt einen DNS-Server, unter welcher IP-Adresse »taz.de« zu finden ist. Der antwortet dann »193.104.220.23«. IP-Adressen wechseln immer wieder mal. Im Herbst 2020 war taz.de unter der genannten Adresse erreichbar. Dein Browser läuft nun los zu dieser IP-Adresse. Du könntest selber auch diese IP-Adresse in die Adresszeile eingeben und kämst zur selben Seite. (Probier es doch gleich mal aus!) Aber wir Menschen haben es meistens nicht so mit Zahlen, deswegen sehen wir von diesem ersten Weg zum Telefonbuch, den der Browser nimmt, gar nichts.

Dann redet Dein Browser mit dem Server der Webseite, die Du ansehen möchtest. Der Server, auf dem die Seite liegt, sieht: »Oh, es kommt eine Anfrage!« Damit er weiß, wo er die Infos, die für Besucher angezeigt werden sollen, hinschicken soll, braucht er die IP-Adresse Deines Gerätes; wie bei der Post: ohne Adresse keine Zustellung. Die liefert Dein Browser immer gleich mit. Zu der IP-Adresse Deines Gerätes werden auf dem Server auch immer Datum und Zeit des Aufrufs notiert (»geloggt«, wie in »Logbuch«). Auf Anfrage (zum Beispiel durch Tracking-Software, die auf dem Server der Webseite läuft) gibt Dein Browser auch mehr Informationen her, wie seine Browserkennung, die Bildschirmauflösung und bei Smartphones auch die Orientierung (Hoch- oder Querformat), sowie das Betriebssystem. Manche geben auch noch mehr Informationen preis wie GPS-Koordinaten oder was sonst so aus den verschiedenen Sensoren des Gerätes herausfällt.

Wenn der Server nun weiß, wo die Informationen hin sollen, schickt er die passenden Infos an Dein Gerät und Du kannst die Seite – meist durch vorherige Abfrage der Browserkennung und Deiner Geräteeinstellungen für Dein Gerät optimiert – ansehen.

Das Internet, das WWW und der ganze Rest

Das WWW, also alles, was Webseiten sind, ist *nicht* das Internet. Es ist nur ein sehr kleiner Teil des Internets. Es ist eine von vielen

Anwendungen, die über das Internet funktionieren. Voice over IP ist eine weitere Anwendung, also Telefonieren über das Internet. eMail ist eine eigene Abteilung und so weiter. Das Internet ist also viel größer als nur Webseiten, Onlineshops, Videoplattformen und Social Media. Der Bereich IoT, also Internet of Things (vernetzte Glühbirnen, Kühlschränke, mit einer App verstellbare Thermostate und Lichtsteuerungen etc.), ist ein ganz eigener Moloch und sicherheitstechnisch eine Datenautobahn direkt in die Hölle. Aber dazu später mehr.

Um zu funktionieren und über das Netz kommunizieren zu können, brauchen alle Geräte eine IP-Adresse. Ohne Adresse keine Zustellung der Information. Die IPv4-Adressen wie im Beispiel oben »193.104.220.23« gehen langsam zur Neige und IPv6 ist der Nachfolger, der langsam ausgerollt wird. v4 und v6 sind Versionsnummern. Ja, ich hab mich auch gefragt, was mit v5 passiert ist. Das Projekt, das zwischen v4 und v6 lag wurde eingestellt, um v6 weiter voranzutreiben. Die v6-Adressen sind länger und sollten dann wieder eine Weile reichen – abhängig davon, wie viele Milliarden Geräte auf das Netz losgelassen werden, sogar noch ziemlich lange. Aber Bill Gates wird eine Aussage aus dem 1980ern zugeschrieben, dass niemals jemand mehr als 640 Kilobyte Arbeitsspeicher brauchen wird. Arbeitsspeicher ist übrigens nochmal was anderes als Festplattenplatz, das ist der Zwischenspeicher eines Computers. Und Bill Gates hat auch dementiert, diese Aussage getan zu haben.[28] Der Laptop, auf dem ich dieses Buch hier gerade schreibe, hat 16 Gigabyte Arbeitsspeicher, das sind 25.000 Mal mehr als 640kB, mein altes Smartphone hat auch schon 2 Gigabyte Arbeitsspeicher und in so einem handelsüblichen Webserver, auf dem Webseiten oder eMail-Server laufen, stecken mindestens 32 Gigabyte Arbeitsspeicher drin. Aber über Irrtümer der Menschheit kann man ganze Bände oder Bühnenstücke schreiben. Aber wie Andreas Eschbach es so schön formulierte: »Sich mordsmäßig zu

irren ist allerdings auch kein Privileg vergangener Generationen.«
(Das Buch der Zukunft)

Maßeinheit für Daten

Ein Byte ist eine Maßeinheit für Speicherplatz.

Ein einfaches Textdokument als PDF abgespeichert hat etwa 50
kB, eine MP3-Datei ca. 5 MB, eine Podcastepisode von einer Stunde
Länge hat etwa 30 MB, eine Blu-Ray ca. 40 GB und handelsübliche
externe Festplatten bekommt man momentan mit 3 bis 12 TB, je
nachdem, wieviel man ausgeben möchte. Speicherplatz ist in den
letzten Jahren enorm im Preis gefallen. Petabyte waren um 2014
bereits eine gängige Größe bei mittelgroßen Serverfarmen, beispielsweise solchen, wo 24 Stunden am Tag Telemetriedaten von Autos
reinkommen. Nicht die selbstfahrenden, sondern Standardautos, wie
man sie seit ca. 2010 kaufen kann. Die haben eingebaute SIM-Karten
und senden fleißig Daten über ihre Verwendung an den Hersteller.

1 Kilobyte (kB) = 1.000 Byte
1 Megabyte (MB) = 1.000.000 Byte
1 Gigabyte (GB) = 1.000.000.000 Byte
1 Terabyte (TB) = 1.000.000.000.000 Byte
1 Petabyte (PB) = 1.000.000.000.000.000 Byte
1 Exabyte (EB) = 1.000.000.000.000.000.000 Byte
1 Zettabyte (ZB) = 1.000.000.000.000.000.000.000 Byte

WENN DU GERADE AN DIE 1.024-Zählweise denkst: Stimmt,
die gibt es auch. Dann heißt es allerdings mittlerweile etwas
anders: Kibibyte, Mebibyte, Gibibyte etc. Diese sprachliche Unter-
scheidung ist allerdings neueren Datums, früher waren alles Kilobyte, Megabyte, usw.[29]

~

Rechner anderer Leute. Was ist eigentlich diese »Cloud«?

Die Free Software Foundation Europe (FSFE) hat es sehr treffend ausgedrückt: *»There is no cloud, just other people's computers.«* Es gibt keine Cloud (»Wolke«), nur die Rechner anderer Leute. Das können Cloudspeicher sein oder »Software as a Service« (»SaaS«) Angebote. Natürlich läuft alles auf irgendwelchen Rechnern, nur nicht auf Deinem sondern auf dem von irgendwem sonst. Und wenn Du nicht weißt, wo Deine Daten liegen, gehören sie auch nicht Dir.

Cloud bedeutet, dass Daten mehr oder weniger automatisch auf Rechner geschoben werden, die über das Internet erreichbar sind. Das sind üblicherweise z.b. automatisierte Backups von Smartphones auf den Server der Herstellerfirmen (Google, Apple, Microsoft, Samsung etc.). Meistens wissen wir nicht mal, dass das passiert. Ein anderer Klassiker wäre »Cloud-Storage« wie Dropbox, die sich in das System integriert und bestimmte Ordner oder Dateien automatisiert auf Großrechner in den USA hochlädt.

Ohne Dich jetzt mit Rechtslagen langweilen zu wollen, kann es tatsächlich rechtlich problematisch sein, Daten auf Server in Drittstaaten wie den USA oder bald auch UK zu laden, wenn Du beispielsweise selbständig bist und Dein Telefon beruflich und privat zusammen benutzt. Bei Apple ist die Nutzung der iCloud beispielsweise ausschließlich für Privatkunden zugelassen und es ist zum aktuellen Zeitpunkt nicht möglich, einen Auftragsverarbeitungsvertrag nach DSGVO von Apple zu bekommen.

ZURÜCK ZUR CLOUD AN SICH: Es gibt gute Gründe, automatische Backups zu machen, aber überlege Dir gut, ob das unbedingt auf den Rechnern anderer Leute sein muss oder ob Du nicht ein paar Euro im Monat investieren möchtest, um zumindest selbst

Herr:in über Deine Daten zu sein. Immerhin ist gerade bei US-Diensten immer das Problem, dass sie für sämtliche Behörden einsehbar sind. Und dass: »Ich habe ja nichts zu verbergen«, keine valide Aussage ist, hatten wir schon. Die Urlaubsfotos von den Kindern am Strand, das Backup aus Deiner Zyklus-App oder Deine Steuerunterlagen gehen einfach grundsätzlich niemanden etwas an. Punkt. Und wenn die Firmen, denen Du Deine vielleicht sogar hochsensible Daten anvertraust, kein Geld für ihre Dienste haben möchten, frage Dich, wovon sie ihre hunderte oder tausende Mitarbeiter bezahlen, wovon deren Kinder in die Schule gehen, auf Klassenfahrt fahren und Geburtstagsgeschenke bekommen. Üblicherweise durch die Auswertung Deiner Daten auf ihren Computern und dem Verkauf Deines Profils.

≈

Von digitalen Postkarten, Rohrpost und Briefumschlägen. Wie funktionieren eMails?

eMails sind seit jeher üblicherweise Postkarten im Netz. Alles, was man so per eMail verschickt – von Manuskripten über Verträge, Einkaufslisten, Urlaubsfotos, lustige Sprüche, Geschäftskommunikation, Baupläne, … – alles ist Klartext, der an verschiedenen Stellen mitgelesen werden kann. Meistens fängt das Mitlesen direkt beim eMail-Betreiber an. Gmail, GMX, web.de, Microsoft, wie auch immer die »Gratis«-Anbieter für eMail-Accounts alle heißen, lesen mit, was Du schreibst oder bekommst. Sie werten die Informationen aus und verkaufen Dein Personenprofil weiter. Beispielsweise an Werbetreibende. Wenn Du eine Rechnung vom einen Stromanbieter bekommst, kriegst Du Werbung für einen anderen in Deinem Postfach am Rand angezeigt. Oder sie blenden Werbung in eMails ein, die Du geschrieben hast. Dann sehen Deine Freunde in der eMail von Dir Werbung für beispielsweise rote Schuhe. Das heißt, sie verändern (manipulieren) absichtlich Deine Inhalte. Deswegen zahlst Du kein Geld für das eMail-Konto, weil sie das Geld für Deine Informationen an anderer Stelle kriegen. Überlege mal, wie viele Mitarbeiter diese Firmen haben und womit die bezahlt werden. Von den riesigen Serverfarmen und deren Stromverbrauch mal ganz zu schweigen.

Klartext

Was heißt hier eigentlich Klartext? Nun, eMails sind von sich aus nicht verschlüsselt, sondern können einfach mitgelesen werden. Eine eMail ist eine Postkarte. Jede:r auf dem Weg kann lesen, was draufsteht, wo sie herkommt, wo sie hingeht und natürlich den Inhalt der eMail.

JA, aber viele Anbieter werben groß mit »TLS-Verschlüsselung« der eMails! Das ist schön und ein guter Anfang. Es heißt allerdings nur, dass die Verbindung von Deinem Gerät bzw. Deiner eMail-App (im Zweifelsfall ist das Dein Browser) bis zum eMailserver beim Anbieter verschlüsselt ist. Aber da hört der Zustellungsweg ja nicht auf.

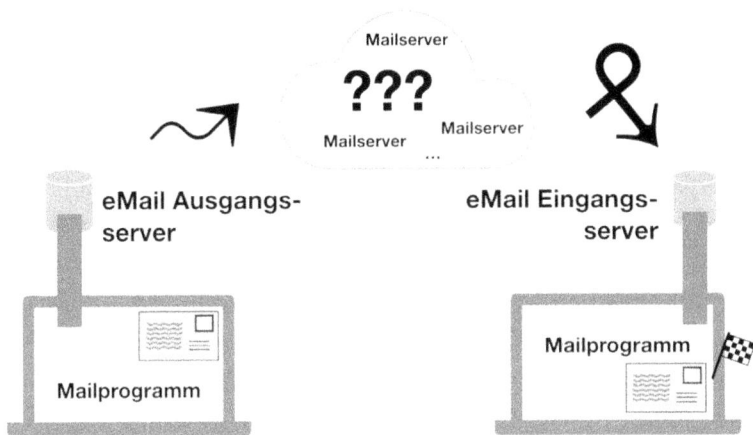

Von Deinem Gerät entweder über ein eMail-Programm oder Deinen Browser, wo Du die eMail schreibst, wird sie losgeschickt. Die nächste Station ist der Postausgangsserver bei Deinem Anbieter. Der schickt die eMail dann weiter über eine vorher nicht festlegbare Route zum Posteingangsserver beim Anbieter des oder der Empfänger:innen und von da geht es dann wieder auf das Gerät der Empfänger:innen weiter. Die TLS-Verschlüsselung greift nur auf der »ersten und letzten Meile«, also dem Weg zwischen dem Gerät der Absenderin und dem Postausgangsserver und dann wieder zwischen dem Posteingangsserver der Empfängerin und deren Gerät. Hier wird die Postkarte quasi getunnelt wie eine Rohrpost, wo niemand von außen drauf zugreifen kann. Alles zwischen den Postausgangs- und -eingangsservern ist El Dorado, wo so viele »Men in the Middle« oder »Machines in the Middle« hängen können, wie sie wollen. Und sie können alles lesen, was Du so schickst oder bekommst. Wer das ist, kann sich auch ändern, je nachdem, welchen Weg die eMail nimmt. Das kann zum Beispiel daran liegen, wo der Internetverkehr gerade günstiger ist; manche kennen das noch von Nachtstrom.

Wenn man also möchte, dass eMails nicht mitgelesen werden können, sollte man sich mit eMail-Verschlüsselung beschäftigen. Die Infos dazu findest Du im zweiten Teil bei den fortgeschrittenen Maßnahmen. Lass Dich von der Einteilung »fortgeschritten« nicht abschrecken, eMail-Verschlüsselung ist an sich recht einfach, es gibt nur Dinge, die noch schneller gehen und mit zwei Klicks erledigt sind.

Falls Du Dich noch nicht bereit fühlst, Dich mit dem Thema auseinander zu setzen: Man kann eMails durch sichere Messenger wie z.B. Signal ersetzen und auch Dateiübertragung z.B. von Manuskripten, Hausarbeiten, Verträgen etc. besser gestalten, als sie im Klartext durch's Netz zu schieben. Eine eigene NextCloud beispielsweise löst viele Probleme.

∿

Von trojanischen Pferden und Lösegeld

Eine Bedrohung, der jede:r im Netz ausgesetzt ist, ist »Malware«. Das hat nichts mit Buntstiften zu tun, sondern steht für »malicious Software« oder einfach »Schadsoftware«. Es gibt ganz verschiedene Malwares, die man sich so einfangen kann.

Häufig wird von »Trojanern« geredet. Das ist eine Anspielung auf das »Trojanische Pferd« der griechischen Mythologie. Jahrelang hatten es die Griechen nicht geschafft, die gut gesicherte Stadt Troja einzunehmen. Also probierten sie es mit einer List: Sie bauten ein hübsches Holzpferd und versteckten darin ihre besten Krieger. Die Einwohner von Troja holten das hübsche Pferd in die Stadt und in der Nacht kamen die Krieger daraus hervor und öffneten von innen die Stadttore für ihr Heer, das dann die Stadt einnahm. Übertragen ist ein »Trojaner« also etwas, das Du Dir gern oder zumindest freiwillig auf Deinen Rechner holst (ob als Download, eMail-Anhang, von fremden USB-Sticks oder Speicherkarten etc.), wo allerdings noch etwas anderes drin steckt (oder dranhängt, bzw. aus dem Internet nachgeladen wird), das dann Teile Deines Computers (oder auch den ganzen) nach außen öffnen und übernehmen kann.

»RANSOMWARE« bedeutet »Lösegeldsoftware«. Bekannte Ransomwares sind Locky, WannaCry, Ryuk oder aktuell Ragnar Locker[30]. Dies sind Verschlüsselungstrojaner; also Schadsoftware, die bei Ausführung sämtliche Dateien auf Deinem Computer verschlüsselt. Nach dem Verschlüsseln aller Dateien wird Dir eine Nachricht angezeigt, dass gegen Zahlung einer bestimmten Summe die Dateien wieder freigegeben werden. Diesen Aufforderungen sollte man niemals nachkommen. Besser ist es, vorbeugend die hauptsächlichen Einfallstore wie Links in eMails, eMail-Anhänge mit (vielleicht versteckten) .exe Endungen und Office-Macros niemals anzuklicken bzw. zu erlauben. Makros am besten deaktivieren und dabei belassen. Wenn eine Nachricht aufpoppt: »Wollen Sie Makros wirklich aktivieren?« immer »Nein« klicken. Mache außerdem regelmäßige Backups Deiner Daten, falls Dein Rechner doch einmal infiziert wird oder sonstwie kaputtgeht. Den Computer komplett neu installieren und die Daten aus dem Backup einspielen ist die beste Option, die Du hast. Ein Backup ist garantiert kostengünstiger und weniger stressig als jede Lösegeldforderung für Deine Daten.

Für Firmen ist momentan ein sehr unschönes Geschäftsmodell »in«, nämlich dass Kriminelle einen Verschlüsselungstrojaner einschleusen, alle Daten zu sich selbst rüberkopieren, die Daten in der Firma verschlüsseln, Lösegeld fordern und bei Nichtbezahlung die Daten im Netz veröffentlichen. Das können Kundendaten sein oder auch Zahlungsdaten etc. Dennoch sollte man auch als Firma nicht zahlen. Denn ersten befeuert man damit nur diese Geschäftsmodelle. Zweitens gibt es keine Garantie, dass die Kriminellen die Daten nach Zahlungseingang auch wirklich wieder entschlüsseln. Und drittens gibt es auch für abgeflossene und ggf. veröffentlichte Daten keine Garantie, dass diese auch wirklich auf den Rechnern der Kriminellen und den Servern im Internet gelöscht werden. Abgesehen davon sind die veröffentlichten Daten in der Zwischenzeit von einer unbekannten Anzahl anderer Leute bereits heruntergeladen und anderen Datensammlungen einverleibt und wahrscheinlich schon weiterverkauft worden.

DAS EINSCHLEUSEN von Ransomware wird in Firmen oder Organisationen (aber mittlerweile auch bei Privatleuten) durch eine Malware namens »Emotet« gemacht, vielleicht hast Du davon schon etwas gelesen. Emotet selbst verschlüsselt noch nichts, aber es lädt weitere Schadsoftware nach, die das im Anschluss übernimmt. Emotet startete seine »Karriere« als Banking-Trojaner und ist bis heute der Doktrin des Dingestehlens treu geblieben. Allerdings stiehlt es mittlerweile mehr eMail-Verläufe als Bankdaten. Emotet fängt man sich genauso ein wie andere Malware auch – durch einen falschen Klick. Wenn sich die Schadsoftware auf Deinem Rechner befindet, leitet sie Deinen eMail-Verlauf der letzten X Tage an die Kriminellen weiter, die hinter diesem Angriff stecken. Daraufhin werden dann eMails erstellt, die inhaltlich genau in Deine bisherigen eMail-Verläufe reinpassen. Zu unterscheiden sind sie nur durch die genauen eMail-Adressen. Die kannst Du sehen, wenn Du Dir die eMail-Header im Klartext anschaust. Das geht, je nach Betriebssystem und eMail-Programm, das Du verwendest, im Mailprogramm bei Darstellung oder Ansicht und dann »Alle Header«. Lass Dich von den Informationen, die dann angezeigt werden, nicht verwirren. Der interessante Teil ist »Sender« und diese Information steht meistens ganz weit oben.

· · ·

Es ist leider sehr einfach, eMails zu fälschen, bzw. unter falschem Namen abzuschicken. Beispielsweise mit einem ganz schnöden Mailprogramm, wo man zur Mailadresse einen Namen eingeben kann. PR- oder Marketing-Agenturen benutzen sogenannte Massenmailer-Programme (»Bulk Mailer«), um im Auftrag ihrer Kunden, deren eigene Kunden oder Medienhäuser mit Informationen zu versorgen. Kriminelle fälschen mit so etwas eMails. So kann es auch passieren, dass man eMails »von sich selbst« erhält.

HINWEIS: Das geht auch mit SMS.

Wenn Du eine eMail bekommst, die inhaltlich genau in die bisherigen eMail-Verläufe reinpasst, ist die Wahrscheinlichkeit, dass Du auch in Deinem Job-Umfeld kontrollierst, ob die eMail wirklich von Deiner Chefin oder vom Bekannten kommt, sehr gering. Und die Wahrscheinlichkeit, dass Du arglos einen Link klickst, sehr hoch. So wird nach einer anfänglichen Emotet-Infektion weitere Schadsoftware nachgeladen. Das können sehr unterschiedliche Szenarien sein. Trickbot beispielsweise, das wäre ein Banking-Trojaner, oder auch die genannte Ransomware Ryuk, also ein Verschlüsselungstrojaner. Hinter all dem stecken hochprofessionell arbeitende Kriminelle.

Wenn Du eine Demonstration sehen möchtest, wie es aussieht, wenn eine Ransomware zuschlägt und wie flink das geht, schau Dir gerne den Vortrag von Petar Kosic bei der PrivacyWeek 2017 an.[31] Bei der PrivacyWeek 2020 hat er gerade eine aktualisierte Version des Vortrags gehalten.[32]

Keylogger

Weit verbreitet sind auch Keylogger, also Programme, die alles protokollieren, was über die Tastatur eingegeben wird. So kommen nicht nur Texte wie Social-Media-Nachrichten oder eMails in fremde Hände, sondern auch Passwörter und Zugangsdaten, die über die Tastatur eingegeben werden. Auch hier gilt: Keine eMail-Anhänge und schon gar keine .exe Dateien anklicken, keine Office-Makros ausführen lassen.

∼

»Ich wurde gehackt!!!«

Die Wahrscheinlichkeit, dass jemand es gezielt auf Dich abgesehen hat, ist sehr gering. Natürlich gibt es Fälle von Stalking, Mobbing, »Spearfishing« (»Speerfischen«, gezielte Angriffe, beispielsweise durch extra für eine Person verfasste eMails mit Malware-Links) und mehr, die tatsächlich Einzelpersonen zum Ziel haben. Meist zielen diese auf Politiker:innen, Menschen mit Finanzverantwortung in Führungsetagen, politische Aktivist:innen und so weiter. Den Großteil aller Leser:innen dieses Buches wird dies vermutlich (und hoffentlich!) nicht betreffen.

INFO: Solltest Du das Gefühl haben, dass Dich jemand stalkt, such Dir frühzeitig Hilfe. Beispielsweise die lokalen *Frauenhäuser* oder spezialisierte Einrichtungen wie *SOS-Stalking* sind für so etwas ausgebildet und können Dich beraten und Dir aus dieser Situation wieder heraus helfen.

. . .

DIE ALLERMEISTEN ANGRIFFE, die aus dem Internet kommen, sind Massenware. Zu Millionen ausgesendete »Phishing-eMails« beispielsweise. »Phishing« (»Fishing«, also Fischen, Netz auswerfen) bedeutet, dass jemand eine Nachricht aussendet und darauf hofft, dass jemand anderer anbeißt. Das sind diese üblichen »Spam-eMails«, dass die Empfänger:in etwas gewonnen hätte, ein reicher Prinz nur auf sie wartet etc. Solche eMails enthalten üblicherweise Links, die zu einer Malware führen, die durch den Klick auf den Link auf den Rechner der klickenden Person heruntergeladen wird. Je nach Art der Malware bekommen die Angreifer:innen damit Zugriff auf Deinen Rechner, können selbst Programme auf diesem installieren und ausführen und dergleichen.

ÜBRIGENS: DAS WORT »SPAM« ist eigentlich ein Markenname für Dosenfleisch und ist zusammengesetzt aus »spiced« und »ham«, also »gewürzter Schinken«. Das tatsächliche Produkt ist wohl so ähnlich wie »Corned Beef«, nur eben aus Schweinefleisch. Diese Dosen waren trotz Nahrungs-Rationierung im zweiten Weltkrieg immer und überall erhältlich. Diese Omnipräsenz wurde später mit unerwünschten eMails verglichen und der Begriff verselbständigte sich.

EIN WEITERES SZENARIO SIND »ÜBERNOMMENE SOCIAL-MEDIA-ACCOUNTS«: Jemand anderes hat Zugriff auf das Konto, postet oder löscht dort Daten. Auch hier ist die Wahrscheinlichkeit, dass jemand konkret diesen einen Account haben wollte, eher gering – Mobbing und Stalking ausgenommen. Viel wahrscheinlicher ist, dass dieser oder ein anderer Dienst, bei dem man einen Login hat, seine Kundendaten »verloren« hat. »Verloren« heißt in dem Zusammenhang, dass ein Datenleck besteht oder bestanden hat, also ein Datenschutzvorfall passiert ist. Die Daten sind natürlich nicht weg, außer es gab tatsächlich einen heftigen Crash im Rechenzentrum, sondern eine unbekannte Anzahl anderer hat diese Kundendatenbank bereits gefunden und zu sich kopiert; häufig deshalb, weil Firmen noch immer zu sorglos mit den Daten ihrer Kund:innen umgehen. Nicht selten liegen diese auf nur ungenügend gesicherten oder auch ganz ungesicherten Servern frei im Netz. Im allerschlimmsten Fall sind die Daten nicht verschlüsselt, also Plaintext. Dann haben die Angreifer:innen (eine unbekannte Anzahl Fremder) Dein Login, also Benutzer:innen-Name, vielleicht eMail und das Passwort im Klartext und können damit machen, was sie wollen.

Eine andere Möglichkeit ist, dass Du mit einem Klick auf einen solchen Link in einer eMail einer App oder auch einem Browser-plugin Vollzugriff auf Dein Konto gewährt hast. In dem Fall können Angreifer:innen durch das Plugin oder die App alles mit Deinem Konto tun, ohne tatsächlich das Passwort zu wissen. In dem Fall hilft es auch nichts, wenn Du das Passwort änderst. Hier müssen alle Apps und was sonst so Zugriff auf die jeweiligen Konten hat, aktiv davon getrennt werden. Das geht meist in den Kontoeinstellungen auf der Webseite des Dienstes.

WENN JEMAND EINE KUNDENDATENBANK MIT, sagen wir, 50.000 Accounts samt Zugangsdaten im Klartext gefunden hat, kann er oder sie ausprobieren, wo diese eMail-Passwort-Kombinationen noch »aufschließen«. Das tut natürlich niemand per Hand, das würde ja ewig dauern. Dafür kann man in kurzer Zeit ein kleines Programm schreiben, das nichts anderes tut, als bei allen möglichen Diensten, Social-Media-Plattformen, Mail-Anbietern, Onlineshops, Telefonieanbietern, Zahlungsdiensten, Versandhaus-katalogen etc. zu probieren, ob dieser Benutzer:innen-Name und dieses Passwort da auch funktioniert. Und falls ja, können mit Hilfe weiterer kleiner Programme diese Accounts ausgenutzt, Geld über-wiesen, Guthaben umgebucht etc. werden.

Wer also überall dasselbe Passwort und dazu auch dieselbe eMail-Adresse hat, wird früher oder später Opfer einer solchen Accountübernahme werden. Mit sehr hoher Wahrschein-lichkeit ist das bereits geschehen, auch wenn Du es vielleicht noch nicht bemerkt hast. Aber es kann gut sein, dass bereits Kriminelle Zugang zu all Deinen Accounts haben.

Natürlich klingt es viel martialischer zu sagen: »Ich wurde gehackt!« als: »Der Einbrecher hat meinen Türschlüssel unter der Fußmatte gefunden«. Vor allem sind so alle anderen Schuld. Tatsächlich ist es so, dass wir all die Probleme viel weniger hätten, würden Plattformen sauber mit Daten umgehen. Man kann solche Fälle selbst vermeiden, indem man für jeden Dienst ein eigenes Passwort verwendet, 2-Faktor-Authentifizierung nutzt und niemals auf Links oder Anhänge in eMails klickt.

Tipp: Spam-eMails grundsätzlich nie öffnen. Diese haben meist Tracking eingebaut, das an die Absender meldet, wenn die eMail geöffnet wurde. Damit wird bestätigt, dass die eMail-Adresse echt ist und abgerufen wird. Dank dieser Bestätigung kann die eMail-Adresse wieder weiterverkauft werden und es kommt noch mehr Spam. Übli-cherweise kann man das eMail-Programm so einstellen, dass es gar keine externen Inhalte nachlädt, dann kann auch so ein Trackingpixel (ein kleines, oft nichtmal sichtbares Bildchen, das aus dem Internet nachgeladen wird,) nicht aufgerufen werden. Sollte das aus irgendwel-chen Gründen bei Dir nicht möglich oder Du auf bunte HTML-Mails angewiesen sein, also gestylte eMails, die durch HTML wie Webseiten aussehen und nicht nur Text sind, dann stell das eMail-Programm so ein, dass außer der Überschrift keine Inhalte der eMails in der Übersicht angezeigt werden. So kannst Du die eMail schon vor dem Öffnen löschen und die Tracker innerhalb der eMails werden nicht ausgelöst und können damit auch nicht nach Hause telefonieren.

≈

Das Internet der Dinge

»IoT«, also »Internet der Dinge« bedeutet, dass man alles, was bisher ein analoges Ding war, seit einer Weile auch als vernetzte Dinge findet. Das können Glühbirnen (ja, ich weiß: Leuchtmittel) sein, Kühlschränke, Personenwaagen, Kaffeemaschinen, Fernseher, eReader, Plüschtiere, Rasenmäher, Vibratoren, Puppen, Heizungsthermostate, Kameras, Türschlösser, Rollos ... Egal, was Dir jetzt einfällt, die Wahrscheinlichkeit, dass es bereits netzwerkfähige Versionen gibt, ist sehr hoch. Ein etwas flapsiger Spruch bringt die Sache gut auf den Punkt: »Das S in IoT steht für Sicherheit.« Aber da ist kein »S« in »IoT«. Sehr gut beobachtet. Es ist auch nahezu keine Sicherheit in IoT.

Viele dieser Dinge des Internets sind »Gadgets«, Spielzeug für Technikbegeisterte. Diese Dinge werden meist sehr schnell und billig (oft in China) produziert und dann hier, ebenfalls billig, auf den Markt geworfen. Menschen kaufen die Dinge, packen sie aus, hängen sie daheim (oder in der Arztpraxis, im Firmennetzwerk, in der Kanzlei) ins Internet und freuen sich dran, dass die Kaffeemaschine jetzt auch über das Netz oder eine App aus zu bedienen ist. Ob es sich dabei um eine sinnvolle Funktion handelt, ist häufig zweitrangig. Es macht schließlich Spaß.

Allerdings gab es Firmen, deren Produktion mehrere Tage stillstand, weil die neue IoT-Kaffeemaschine im internen Netz eine schwere Sicherheitslücke mit sich brachte.[33]

Unmengen an Kameras aus Arztpraxen, Krankenhäusern, privaten Wohnzimmern und mehr sind öffentlich im Netz auffindbar und liefern teilweise einen Livestream ins Netz für völlig fremde Menschen.[34]

~

»Pssssst!« – Nachts im Bett

eReader

Wenn Du dieses Buch hier gerade nachts im Bett liest, freue ich mich sehr. Ich habe einmal bei einem Autor:innentreffen gesagt, dass wir, die Autor:innen, großes Vertrauen genießen, wenn Menschen mit unseren Werken nachts ins Bett gehen. Viel näher kommt niemand an Menschen heran, als unsere Geschichten. Ich hatte leider nicht ganz Recht damit.

Mit den eReadern kam die Möglichkeit für Amazon, Kobo, Tolino und all die anderen, das Leseverhalten von uns Menschen sekundengenau zu analysieren. Was Du liest, wie lange, auf welcher Seite Du stehengeblieben bist und Pause gemacht hast, wo Du vor- oder zurückgeblättert hast, welche Bücher oder welche Stellen in Büchern Du mehrfach gelesen hast, wie schnell Du liest, welche Genres, Ratgeber oder Kochbücher Du liest. Im Zweifelsfall liegt Deine gesamte Büchersammlung und die Auswertung Deiner Lesegewohnheit bei einem Konzern.

Was man bei eBooks ebenfalls bedenken muss ist, dass Du nicht das Buch kaufst, sondern nur die Lizenz, es zu lesen. Das Buch kann jederzeit geändert, upgedatet (was bei Sachbüchern wie diesem hier durchaus ein Vorteil sein kann), oder auch vom

Konzern gelöscht werden, wie es passierte, als Amazon seine Kindle-Ausgabe von George Orwells »1984« aus dem Programm nahm. Das Buch verschwand manchen Lesenden direkt vor den Augen vom Gerät.[35][36] Kurz: Das Buch gehört nicht Dir. Mehr dazu auch in dem Vortrag »Ich weiß, was Du letzten Sommer gelesen hast« auf der PrivacyWeek 2017.[37]

WENN DU DEINEN eReader nur aus der Schachtel genommen hast, wird er »per default« (also in der Standardeinstellung) automatisch vermutlich immer das WLAN aktiviert haben, eventuell sogar Bluetooth, wenn er das kann. Er wird vermutlich automatische Updates erhalten und Deine Bibliothek immer mit dem Server beim Hersteller oder der Handelskette, über die Du das Gerät erworben hast, synchronisieren. Solange Dein Gerät am Netz hängt, hat der Hersteller oder die Handelskette ein »Ohr« live an Deinem Gerät. Wenn Dein Gerät eine eingebaute SIM-Karte hat, also auch ohne WLAN auf den Shop zugreifen kann, kann es auch außer Haus bei Netzempfang jederzeit senden, was Du gerade mit dem Gerät tust.

Grundsätzlich ist es möglich, sogar einen Amazon Kindle »offline« zu betreiben. Dazu deaktivierst Du WLAN und Bluetooth und lädst neue Bücher nur per Kabel auf das Gerät. Das geht beispielsweise über die freie eBook-Verwaltungssoftware Calibre. Dasselbe gilt auch für alle anderen Hersteller. Es ist kaum weniger komfortabel und man hat ein Backup der heruntergeladenen eBook-Datei nochmal auf dem Computer gespeichert. Und solange der eReader offline ist, kann einem auch niemand ein Buch vor der Nase weglöschen.

Smartes Sexspielzeug

Ja, es gibt »smartes« Sexspielzeug. Beispielsweise einen Vibrator mit Kamera am vorderen Ende und zugehöriger App. Wir diskutieren jetzt nicht über die Idee an sich; es gibt sicher Menschen, die das spannend finden. Traurig ist eher, dass Hersteller von Geräten, die Zugang zu unseren nun wirklich *höchst*persönlichen Lebensbereichen haben, leider wenig Wert auf Sicherheit oder Privatsphäre legen. Das konkrete Modell eröffnet einen eigenen ungesicherten WLAN-Hotspot, den man noch von der anderen Straßenseite aus ausspionieren kann. Nachdem dieser Hotspot nach dem Gerät benannt ist, kann man im Internet auch schon Anleitungen finden, wie man die Geräte in der Nachbarschaft findet. Eine Skype-Anbindung hat das Gerät obendrein. Dass also das Geschehen auch nur in irgendeiner Weise »intim« bleibt, ist nahezu auszuschließen.[38]

---

1. https://de.wikipedia.org/wiki/Facebook_Inc.
2. https://about.fb.com/company-info/
3. https://www.wsj.com/articles/facebook-to-banks-give-us-your-data-well-give-you-our-users-1533564049
4. https://www.washingtonpost.com/technology/2018/08/07/your-banking-data-was-once-off-limits-tech-companies-now-theyre-racing-get-it/
5. https://www.golem.de/news/facebook-pay-facebook-fuehrt-eigenen-bezahldienst-ein-1911-144963.html
6. https://www.huffpost.com/entry/facebook-relationship-study_n_4784291
7. https://www.welt.de/wirtschaft/webwelt/article121315824/Facebook-weiss-ob-die-Partnerschaft-haelt.html
8. https://www.businessinsider.de/facebook-data-brokers-2016-12
9. https://techcrunch.com/2018/03/23/facebook-knows-literally-everything-about-you/
10. https://www.vicimediainc.com/how-does-facebook-know-what-ads-to-show-you/
11. https://www.heise.de/newsticker/meldung/Google-uebermittelt-Mastercard-Transaktionsdaten-an-seine-Online-Werbekunden-4153015.html
12. https://www.golem.de/news/ueberwachung-amazon-mitarbeiter-sichten-bilder-von-cloud-kameras-1910-144371.html
13. https://www.mobilegeeks.de/artikel/amazon-echo-look/

14. https://futurezone.at/digital-life/amazon-mitarbeiter-beobachteten-kunden-beim-sex/400643825
15. https://www.golem.de/news/ueberwachung-amazon-mitarbeiter-sichten-bilder-von-cloud-kameras-1910-144371.html
16. https://www.deutschlandfunknova.de/nachrichten/amazon-patent-alexa-erkennt-gesundheitszustand
17. https://www.golem.de/news/amazon-patent-stimme-des-nutzers-verraet-alexa-dessen-gesundheitszustand-1810-137106.html
18. https://www.heise.de/newsticker/meldung/Alexa-hoert-dich-husten-Amazon-erhaelt-Patent-auf-Werbeangebote-fuer-Kranke-4190512.html
19. https://www.heise.de/newsticker/meldung/Verraeterische-Sprachassistentin-Auch-bei-Siri-hoeren-Menschen-zu-4480652.html
20. https://www.heise.de/mac-and-i/meldung/Siri-Apple-will-bald-wieder-mithoeren-4554045.html
21. https://www.datenschutzbeauftragter-info.de/datenschutz-office-365-dsgvo-konformer-einsatz-im-unternehmen/
22. https://heise.de/-4466156
23. https://www.zeit.de/digital/datenschutz/2020-09/microsoft-datenschutz-office-365-kritik-behoerden
24. https://www.heise.de/news/Microsoft-Office-365-Die-Gruende-fuer-das-Nein-der-Datenschuetzer-4919847.html
25. https://www.heise.de/news/Datenschutzbehoerden-erklaeren-den-Einsatz-von-Microsoft-365-fuer-rechtswidrig-4931745.html
26. https://www.businessinsider.de/apple-beendet-eine-umstrittene-praxis-2019-8
27. https://t3n.de/news/wichtige-orte-standortverlauf-ios-911475/
28. https://www.internetworld.de/technik/internet/groessten-fehlprognosen-technikgeschichte-1665083.html?page=2_das-unding-heimcomputer
29. https://de.wikipedia.org/wiki/Byte
30. https://www.heise.de/news/Ransomware-Attacke-auf-Capcom-Bis-zu-350-000-Nutzer-betroffen-4962681.html
31. https://media.ccc.de/v/pw17-98-ransomware
32. https://media.ccc.de/v/pw20-368-security-fuckups-version-2020
33. https://www.reddit.com/r/talesfromtechsupport/comments/6ovy0h/how_the_coffeemachine_took_down_a_factories/
34. https://www.insecam.org/
35. https://www.theregister.co.uk/2009/07/18/amazon_removes_1984_from_kindle/
36. https://www.golem.de/0907/68459.html
37. https://media.ccc.de/v/pw17-99-ich_weiss_was_du_letzten_sommer_gelesen_hast
38. https://www.heise.de/newsticker/meldung/Svakom-Siime-Eye-Vernetzter-Kamera-Vibrator-ist-ein-Sicherheitsalptraum-3674827.html

3

TRACKING – DIE TÄGLICHE VERFOLGUNGSJAGD

RTFAGB. Inhaltliche Probleme bei Plattformangeboten

Ich hatte es ja schon gesagt: Irgendwann kommt man an den Punkt, wo man sich wirklich einmal durch die meistens verschwurbelten und absichtlich auf Unlesbarkeit getrimmten AGB kämpfen muss. Read the f* AGB: Lies die verdammten Allgemeinen Geschäfts-Bedingungen. Wenn Du wirklich wissen willst, was Du eigentlich verwendest und was da mit Deinen Daten und auch mit denen anderer Leute, die beispielsweise bei Dir im Adressbuch oder Fotoalbum sind, passiert. Mir ist dabei an mehreren Stellen schlecht geworden, obwohl ich zu dem Zeitpunkt bereits drei Jahre Beschäftigung mit dem Thema hinter mir hatte.

In Europa haben wir zwar andere Voraussetzungen und überraschende Klauseln sowie versteckte Einwilligungen – beispielsweise zum Newsletter – sind in Deutschland und Österreich verboten. Die Verbraucherzentralen klagen auch immer wieder sehr erfolgreich. Allerdings hilft es uns nichts, wenn sich Firmen aus Drittstaaten wie den USA nicht daran halten. »Drittland« bedeutet, dass das Land, in das Daten übertragen werden, außerhalb der EU liegt. Und Verbraucherschutz gilt nur für Verbraucher:innen, also Privatpersonen. Fungiert jemand in seiner:ihrer Rolle als Selbständige:r, ist diese Person ebenso ein Unternehmen, ein:e Einzelunternehmer:in eben. Und von Unternehmen wird erwartet, dass sie AGB anderer Unternehmen sinnerfassend lesen und verstehen können. Ohne Rechtsabteilung ist das ab und an allerdings echt schwer.

Das Kleingedruckte

Noch vor den datenschutzrelevanten Dingen gibt es bei so manchem Angebot ganz andere Probleme. Bei US-Diensten wie zum Beispiel Dropbox, Slack, Google oder Facebook und allen dazugehörigen Plattformen hat man beispielsweise das Problem, dass Urheberrecht in den USA ganz anders gehandhabt wird, als bei uns in Europa. Durch Akzeptieren der AGB, also meistens mit dem Start der Benutzung der Dienste, stimmt man diesen AGB nach US-Recht zu. Man geht also einen Vertrag mit dem anbietenden Unternehmen ein. Shoshana Zuboff schreibt in »Das Zeitalter des Überwachungskapitalismus« von »Click-Wrap-Verträgen«, da wir uns durch den Klick auf »Ich stimme zu« einwickeln lassen. Und üblicherweise reicht es aus, Dienste oder Webseiten zu nutzen (darauf zu surfen), um sich an diese Verträge zu binden. Vielen ist das gar nicht bewusst.

Mit dem Klick auf »Ich stimme zu« überträgst Du automatisch die Rechte für die kommerzielle Nutzung, Veröffentlichung, Abdruck, Vervielfältigung, Aufführung etc. an den Diensteanbieter und meist auch, dass sie die Rechte nochmal an Dritte weitergeben (»Unterlizenzierung«) . Beispielsweise gehen Texte oder Bilder, die man bei Facebook postet, in den Besitz der Plattform über. Gleiches gilt für Google Docs (und alle anderen Google Dienste), zumindest für die kostenlosen Endkund:innen-Dienste.

· · ·

GOOGLE HAT die AGB seit der ersten Ausgabe dieses Buchs vom November 2019 umgestaltet und damit noch viel umständlicher lesbar gemacht. Der Abschnitt mit den tatsächlichen Rechteeinräumungen heißt jetzt »Erlaubnis zur Nutzung Ihrer Inhalte«.

NEHMEN wir uns den Teil einmal gemeinsam vor. Die folgenden Zitate stammen aus den Google AGB für Deutschland vom 28. Januar 2021, das ist der Abschnitt »Erlaubnis zur Nutzung Ihrer Inhalte«. Also:

»Einige unserer Dienste sind so gestaltet, dass Sie eigene Inhalte hochladen, übermitteln, speichern, senden, empfangen oder teilen können. Sie sind nicht verpflichtet, Inhalte für unsere Dienste zur Verfügung zu stellen, und Sie können die Inhalte, die Sie zur Verfügung stellen möchten, frei wählen. Wenn Sie Inhalte hochladen oder teilen, vergewissern Sie sich bitte, dass Sie die hierfür erforderlichen Rechte haben und die Inhalte rechtmäßig sind.«

DIESER ABSCHNITT BEDEUTET, dass Google sich von Dir die Versicherung einholt, dass Du für alle Inhalte, die Du bei Google hochlädst, postest … die Rechte hast. Dass Du also nichts illegal teilst oder der Welt via Google öffentlich verfügbar machst. Das ist okay, das müssen sie tun. Vielleicht ein kurzes Beispiel: Dieses Foto vom letzten Grillabend draußen mit Freunden – Hier wird erwartet, dass alle auf dem Foto abgebildeten Personen der Veröffentlichung zugestimmt haben. Juristisch sind hier die Urheberschaft am Foto, also der:die Fotograf:in, sowie auch die Persönlichkeitsrechte der abgebildeten Personen im Spiel.

SCHAUEN WIR WEITER:
»Lizenz
Ihre Inhalte gehören weiterhin Ihnen. Das bedeutet, dass Sie alle geistigen

Eigentumsrechte behalten, die Sie an Ihren Inhalten haben. Beispielsweise haben Sie geistige Eigentumsrechte an kreativen Inhalten, die Sie erstellen, etwa an von Ihnen verfassten Rezensionen. Oder Sie haben möglicherweise das Recht, die kreativen Inhalte einer anderen Person zu teilen, wenn diese Ihnen ihre Zustimmung gegeben hat.

Wir benötigen Ihre Erlaubnis, wenn Ihre geistigen Eigentumsrechte unsere Nutzung Ihrer Inhalte beschränken. Sie erteilen Google diese Erlaubnis über die nachfolgende Lizenz.

Was die Lizenz umfasst

Diese Lizenz umfasst Ihre Inhalte, sofern diese durch geistige Eigentumsrechte geschützt sind.«

GOOGLE HOLT sich für die Nutzung all dessen, was Du hochlädst, teilst, in Google Docs schreibst etc. eine Lizenz von Dir, falls Du geistige Eigentumsrechte an den Inhalten hast. Also zum Beispiel wenn Du ein Manuskript in Google Docs schreiben solltest. Oder ein kleines (oder großes) Gedicht für Opas Siebzigsten per Google Mail schickst, bzw. eine:r der Empfänger:innen eine Google-Mail-adresse hat.

LESEN WIR WEITER, jetzt kommen noch ne Menge Ausnahmen:

»Was die Lizenz <u>nicht</u> umfasst

- *Diese Lizenz berührt nicht Ihre Datenschutzrechte - sie betrifft ausschließlich Ihre geistigen Eigentumsrechte.*
- *Diese Lizenz bezieht sich nicht auf folgende Arten von Inhalten:*
- *öffentlich zugängliche Sachinformationen, die Sie zur Verfügung stellen, wie z. B. Korrekturen an der Adresse eines örtlichen Unternehmens. Diese Informationen erfordern keine Lizenz, da sie als allgemein bekanntes Wissen gelten, das jeder frei verwenden kann.*

- *Feedback, das Sie uns geben, z. B. Vorschläge zur Verbesserung unserer Dienste. Mehr zum Thema Feedback finden Sie weiter unten im Abschnitt Dienstbezogene Kommunikation.«*

Dass sie öffentlich zugängliche Informationen und Feedback ausnehmen, ist nachvollziehbar und okay so. Aber was bedeutet es, wenn sie Datenschutzrechte da ausnehmen? Ich musste auch erst meine Ex-Kollegin und Datenschutzjuristin Natascha Windholz fragen. Der sachdienliche Hinweis kam prompt: Datenschutz ist ein Grundrecht und nicht übertragbar. Auf Grundrechte kann man nicht verzichten, wohingegen man Urheberrechte auch übertragen und in den USA auch darauf verzichten kann. Aber hier schrammen wir an der ganzen Frage des Eigentums von Daten entlang. Google sagt in diesem kurzen Satz also, dass meine datenschutzrelevanten Daten mir gehören und ich die nicht an sie lizensieren kann. Was allerdings nicht bedeutet, dass sie sie nicht auswerten und in den großen Big-Data-Topf werfen dürfen.

Weiter geht's:

»Umfang
Diese Lizenz ist:

- *weltweit gültig – sie gilt also auf der ganzen Welt*
- *nicht ausschließlich – Sie können Ihre Inhalte also an Dritte lizenzieren*
- *unentgeltlich – es fallen also keine Gebühren für diese Lizenz an«*

Dass die Lizenz nicht-ausschließlich ist, ist ein sehr wichtiger Punkt, sonst könnten Autor:innen, die Google Docs für ihre Manuskripte verwenden, diese nicht mehr an einen Verlag verkaufen. Hoffen wir, dass dieser Punkt nie geändert wird.

. . .

»Rechteeinräumung
Diese Lizenz erlaubt Google:

- *Ihre Inhalte zu hosten, zu reproduzieren, zu verbreiten, zu kommunizieren und zu verwenden — beispielsweise, um Ihre Inhalte in unseren Systemen zu speichern, damit Sie unterwegs darauf zugreifen können*
- *Inhalte, die Sie für andere sichtbar gemacht haben, zu veröffentlichen, öffentlich aufzuführen und öffentlich anzuzeigen*
- *Ihre Inhalte zu verändern und diese beispielsweise neu zu formatieren oder zu übersetzen*
- *diese Rechte unterzulizenzieren an:*
- *andere Nutzer, damit die Dienste wie vorgesehen funktionieren, z. B. damit Sie Fotos mit Personen Ihrer Wahl teilen können*
- *unsere Auftragnehmer, die mit uns Verträge in Übereinstimmung mit diesen Nutzungsbedingungen abgeschlossen haben, ausschließlich für die im Abschnitt Zweck beschriebenen begrenzten Zwecke«*

Inhalte verändern mit den Beispielen Neuformatierung und Übersetzung. Da stellt sich mir die Frage: Und was noch? Gefolgt von Unterlizensierung an andere Nutzer:innen, damit die zB Fotos angezeigt bekommen. Klingt noch schlüssig. Und dann kommen die Auftragnehmer von Google, die die Inhalte gemäß der gleich folgenden Zwecke weiterverarbeiten dürfen. Also gleich weiterlesen:

»Zweck
Diese Lizenz ist beschränkt auf den ausschließlichen Zweck:

- *dem Betrieb und Verbesserung der Dienste, was bedeutet, dass wir neue Funktionen entwickeln und dafür sorgen werden, dass die Dienste wie geplant funktionieren. Dazu gehört auch der Einsatz automatisierter Systeme und Algorithmen zur Analyse Ihrer Inhalte:*

- *um Spam, Schadsoftware (Malware) oder illegale Inhalte zu erkennen*

Moment, gleich mal stopp. Diese »Verbesserung der Dienste« findet man ganz häufig als Begründung dafür, warum Nutzer:innenverhalten ausgewertet wird. Das macht Google also auch nicht anders als andere. Algorithmen und automatisierte Systeme analysieren also unsere Inhalte in allen Google Services. Also auch zB eMails, YouTube, Docs etc.

Diese automatische Erkennung von Spam, Malware und illegalen Inhalten könnte man auch mit »Uploadfilter« beschreiben. Ein Programm, das im Hintergrund eine Datenbank hat mit allem, was schon einmal als Schadsoftware erkannt wurde, wäre beispielsweise eine Firewall. Schon beim Upload, also noch bevor irgendein:e User:in das Hochgeladene jemals sieht oder anklicken kann, wird geprüft, ob es mit etwas übereinstimmt, das in dieser Datenbank liegt. Dasselbe wird bei u.a. YouTube, das ja auch Google gehört, auch mit Videos und Musik gemacht und geprüft, ob in einer Datenbank für urheberrechtlich geschützte Inhalte schonmal das Gleiche drinliegt. Gibt es eine Übereinstimmung, wird das Hochgeladene nicht mehr angezeigt, sondern sofort rausgefiltert. Daher »Uploadfilter«. Und die gibt es auch für illegale Inhalte. Was darunter fällt, unterscheidet sich nach Land und Rechtsprechung.

OKAY, weiter:

- *um Muster in Daten zu erkennen, beispielsweise um ein neues*

Album in Google Fotos vorzuschlagen und zusammengehörende Fotos gemeinsam zu gruppieren

- *um unsere Dienste für Sie anzupassen, etwa über Empfehlungen und personalisierte Suchergebnisse, Inhalte und Werbeanzeigen (diese können Sie in den Einstellungen für Werbung ändern oder deaktivieren)*
- *Diese Analyse findet beim Senden, Empfangen und Speichern der Inhalte statt.*
- *dem Verwenden von Inhalten, die Sie öffentlich geteilt haben, um für die Dienste zu werben. Beispielsweise könnten wir eine von Ihnen verfasste Rezension zitieren, um eine unserer Apps zu bewerben. Oder wir könnten den Screenshot einer App verwenden, die Sie im Google Play Store anbieten, um für Google Play zu werben.*
- *Zur Entwicklung neuer Technologien und Dienste für Google in Übereinstimmung mit diesen Nutzungsbedingungen.«*

Also noch eine Reihe weiterer, nachvollziehbarer Zwecke, die allerdings auch von Googles Auftragnehmern angeführt werden können, um unsere Inhalte zu verwenden.

LAST, not least:

»Dauer

Diese Lizenz gilt so lange, wie Ihre Inhalte durch geistige Eigentumsrechte geschützt sind.

Wenn Sie Inhalte, die von dieser Lizenz umfasst sind, aus unseren Diensten entfernen, dann werden unsere Systeme diese Inhalte nach Ablauf eines angemessenen Zeitraums nicht mehr öffentlich zugänglich machen. Hiervon gibt es zwei Ausnahmen:

- *Wenn Sie Ihre Inhalte vor dem Entfernen bereits mit anderen geteilt haben. Wenn Sie beispielsweise ein Foto mit einem Freund*

geteilt haben und dieser es danach kopiert oder erneut geteilt hat,
kann das Fotos auch dann noch im Google-Konto dieses Freundes
erscheinen, wenn Sie es aus Ihrem eigenen Google-Konto entfernt
haben.

- *Wenn Sie Ihre Inhalte über die Dienste anderer Unternehmen zur*
  Verfügung stellen, ist es möglich, dass Suchmaschinen,
  einschließlich der Google-Suche, Ihre Inhalte weiterhin finden und
  in ihren Suchergebnissen anzeigen.«

In Deutschland ist die Dauer des gesetzlichen Urheberrechts übrigens 70 Jahre nach dem Tod des:der Urheber:in. Und was ein angemessenes Zeitfenster ist, hätte ich eigentlich auch gern erklärt. Interessant und technisch richtig ist, dass wenn die Daten einmal mit anderen geteilt wurden und andere diese vllt auch noch einmal irgendwo gepostet haben, dann kann man diese nicht mehr »zurücknehmen«. Was im Internet steht, steht dort für immer, oder zumindest so lange, bis das Internet abgeschaltet wurde, unsere Gesellschaft nicht mehr auf Strom und Computer fußt und wir wieder bei Höhlen und Keulen angekommen sind.

Es muss natürlich jede:r für sich selbst entscheiden, ob er:sie dem zustimmen möchte. Ich persönlich halte es für eine ganz schlechte Idee, Google Docs für Manuskripte oder wissenschaftliche Arbeiten zu verwenden; insbesondere, wenn man das Geschriebene selbst noch an einen Verlag verkaufen möchte. Anders als in Europa ist es in den USA auch möglich und üblich, das Urheberrecht selbst abzugeben. Auch wenn wir bei einem Teil der US-Unternehmen als Verbraucher:innen unsere Nutzungsverträge mit einer irischen Niederlassung haben und der Vertrag nach irischem Recht geschlossen ist, gibt es auch genug US-Dienste, bei denen wir einen Nutzungsvertrag nach US-Gesetzgebung unterschreiben. All jene nämlich, die keinen Standort in der EU haben, wie beispielsweise Clubhouse. Und das kann irgendwann so richtig problematisch werden. Bis jetzt wurde ein solcher Fall hier in Europa soweit ich weiß noch nicht ausjudiziert. Und wäre auch eine sehr komplexe Angelegenheit, denn das tatsächlich anwendbare Recht richtet sich nach einem ganzen Haufen verschiedener Rechtsgrundlagen: zB Verbraucherrecht, Internationales Privatrecht, Internationale Urheberrechtsabkommen etc. Hier müsste man erst mal streiten, welches Recht überhaupt anwendbar ist, bevor man sich inhaltlich damit auseinander setzt. Es bleibt die Frage: Willst Du es drauf ankommen lassen, wenn es doch Alternativen gibt? (Ja, gibt es wirklich.)

Unbekannte »Dritte«

Und dann gibt es noch häufig Formulierungen wie in etwa »die uns übertragenen oder von uns erhobenen Daten werden an Dritte weitergegeben«, was soviel heißt wie: alles, was Du auf unserer Plattform machst, hochlädst oder was durch unsere Trackingpixel irgendwo im Netz aufgegabelt wird, wird an zahlende Firmen, Personen, Krankenkassen, Banken oder Regierungen weiterverkauft. Ohne Nennung, an wen genau, denn »Dritte« kann quasi jede:r und alles sein. Dieser winzige Satz bedeutet also eigentlich, dass sich alle Nutzer:innen theoretisch auch die Datenschutzbestimmungen dieser Dritten durchlesen müssten, um wirklich eine informierte Entscheidung treffen zu können, ohne eben zu wissen, wer diese Dritten sind. Darüber hinaus steht in deren Datenschutzerklärungen meistens ebenfalls, dass sie Daten an Dritte weitergeben und so weiter und so fort, was im Endeffekt einfach nur ins Absurde führt. Eine sehr plastische Ansicht über die Datenweitergaben bei PayPal auf Basis der Informationen, die PayPal selbst auf ihrer eigenen Webseite zur Verfügung stellen, hat Rebecca Ricks zusammengestellt: https://rebecca-ricks.com/paypal-data/

Alles anonymisiert, ehrlich!

Sollte irgendwo in all dem Kleingedruckten tatsächlich von Anonymisierung der Daten die Rede sein, ist das zwar ein netter Hinweis, heißt allerdings leider gar nichts. Im Sommer 2019 wurde in einer Studie bewiesen, dass nur durch die Angaben Postleitzahl, Geschlecht und Geburtsdatum eine 81-prozentige Wahrscheinlichkeit gegeben ist, konkrete Personen aus einer anonymisierten Datenbank zu identifizieren. Liegen mehr Daten vor, wird auch die Wahrscheinlichkeit der Deanonymisierung größer. Anhand von 15 demographischen Merkmalen liegt die Wahrscheinlichkeit der Identifizierung bei 99,98 Prozent. [1]

Sich auf Anonymisierung von personenbezogenen Daten zu verlassen ist also ebenfalls eine schlechte Idee. Werden die Daten von vornherein anonym und komplett ohne Personenbezug (auch keine IP-Adressen etc.) erhoben, kann eine anonyme Datenverarbeitung gegeben sein, solange keine weiteren, identifizierenden Daten hinzugefügt werden. Aber auch nur dann.

In Stein gemeißelt. (Nicht.)

Ein anderes Problem, das wir mit den AGB von Firmen haben ist, dass diese jederzeit geändert werden können – und es auch werden. Oft informieren die Anbieter die Nutzer:innen nicht einmal darüber. Das heißt, im Laufe der Zeit ändern sich vielleicht die vertraglichen Rahmenbedingungen, unter denen Du einen Dienst nutzt und Du bekommst es gar nicht mit. Oder, falls der Diensteanbieter es doch mitteilt, sind die neuen AGB vielleicht noch länger und unleserlicher geworden als zuvor, wie zuletzt beispielsweise bei Google, die nicht einmal mehr alles in einem Text anzeigen, sondern man zum Teil mehr als 5 Klicks weiter erst zu den relevanten Klauseln kommt.

· · ·

AUCH HIER GILT: Die Anbieter haben kein Interesse an informierten Nutzer:innen. Die Texte sind mit Absicht so geschrieben, dass niemand Lust hat, sie zu lesen und wenn es jemand tut, hat die Person Schwierigkeiten, den Inhalt vollständig zu verstehen. Das soll so sein. *Es wird Dir absichtlich schwer gemacht.*

Geh doch woanders spielen

Wer die AGB nicht akzeptieren möchte, muss – genauer gesagt, *darf* – den Dienst auch nicht nutzen. Bei manchen Apps oder Diensten mag das noch angehen. Mein erster Reflex, wenn ich für irgendetwas eine App oder Software suche, ist, dass ich mir anschaue, wo der Hersteller seinen Firmensitz hat. In sehr vielen Fällen gibt es europäische Alternativen zu den US-Platzhirschen; beispielsweise eine Notizen-App für's Tablet oder verschiedene Podcast-Apps. Erst wenn ich eine oder mehrere Apps europäischer Anbieter gefunden habe, schaue ich mir an, was diese so können und welche davon an das rankommt, was ich suche. Dabei schaue ich mir auch die Datenschutzerklärungen an – sind die ordentlich gemacht? So geschrieben, dass auch Laien sie verstehen etc. Für mich gehört das mittlerweile zum Auswahlprozess dazu.

An der Realität der meisten Menschen geht dies allerdings vollkommen vorbei. Entweder die Auswahl fällt auf das hübschere Design oder man nutzt eine App, Webseite oder ein Programm auf Empfehlung von Freunden oder Familie. Die dritte Möglichkeit ist, dass einem ein Service von außen angetragen wird, ohne dass man selbst etwas dafür kann. Beispielsweise wenn jemand Dich einlädt irgendetwas mit zu organisieren oder Du einen Onlinekurs besuchst. Vielleicht benutzt die Gruppe Doodle. Oder Slack. Und Du bekommst nur eine entsprechende Einladung zugeschickt. Wenn Du in einer Einladungs-eMail von Slack auf den mitgelieferten Link klickst, kommst Du zu einer Webseite. In dem Moment, wo Du dort unten auf »Ich stimme zu« klickst, war's das. Du hast den AGB von Slack zugestimmt. Alles, was Du jemals innerhalb des Dienstes postest, wird an Dritte weitergegeben. Vielleicht wolltest Du das nichtmal, aber wie kriegst Du eine Orga- oder Kurs-Gruppe mit 15 Personen von einem Dienst weg? Eine brilliante Frage und zugleich ein Problem, auf das auch ich – ebenso wie alle anderen Menschen, die versuchen, datenbewusst (lies: menschenrechtsbewusst und mit den Mitmenschen im Blick) zu leben – immer wieder stoße. Aber wenn nicht eine Person anfängt, ihr Unwohlsein zu äußern, wird sich nie etwas ändern. Bei der nächsten Gelegenheit sind es vielleicht schon mehr Menschen, die ein Problem mit der Datensaugerei der Anbieter haben und beim dritten Mal ist vielleicht die kritische Masse erreicht, dass die Gruppe woanders hinzieht.

~

Was ist dieses Tracking eigentlich?

Tracking bedeutet »Spur«, »Verfolgen« oder »Verfolgung«. Das heißt, es geht in unserem Kontext darum, Menschen auf ihrem Weg durch das Netz nachzugehen. Manche Technologien erlauben, dies in Echtzeit zu tun und Menschen dabei zu beobachten, wie sie sich gerade zur Sekunde im Netz verhalten. Dieses Verhalten wird zusätzlich auch aufgezeichnet. Solche Technologien werden unter anderem von großen Onlineshops verwendet, um zu sehen, wo Menschen den Kaufvorgang abbrechen, wo sie hin und her springen etc. Verkauft wird es mit dem Argument, den Shop verkaufsfördernd zu gestalten, um alles zu eliminieren, was Menschen davon abhalten könnte, es sich nochmal anders zu überlegen. Tatsächlich lernen Unternehmen damit aber auch sehr viel über die menschliche Psyche im Allgemeinen und über die Vorlieben und Interessen des und der Einzelnen und schaffen so die Grundlage, jede:n einzelne:n so zu manipulieren, dass sie uns letztlich nahezu alles verkaufen können. Aber eins nach dem anderen.

Was der Baukasten hergibt

Es gibt viele Möglichkeiten, Menschen durch das Netz zu verfolgen und das auch über mehrere Geräte hinweg. Die viel beschworenen Cookies sind nur ein Teil dessen, was mittlerweile technisch möglich und flächendeckend im Einsatz ist. Cookies sind Dateien, die von Webseiten im Verzeichnis Deines Browsers angelegt und mit Textinhalt gefüllt werden. Anhand dieser Dateien können Webseiten vorige Besucher:innen wiedererkennen und in vielen Fällen werden dort auch Informationen wie Sprachpräferenzen, irgendeine einzigartige Identifikation (»unique identifyer« oder »ID«) und z.B. Loginstatus hinterlegt. In den Datenschutzerklärungen steht häufig »Cookies & ähnliche Technologien«. Denn über Cookies hinaus gibt es eine ganze Reihe von Möglichkeiten der Browsererkennung, Geräteerkennung, Canvasfingerprinting (quasi Grafikchiperkennung), Erkennung über Webfonts (Google Fonts und ähnliche), eTag Erkennung, … Liest Du noch mit?

Etwas einfacher gesagt gibt es neben den Cookies noch weitere Möglichkeiten des Trackings. Beispielsweise durch Informationen, die der Browser dem Server bei Anfragen verrät (also Metadaten). Eine andere Möglichkeit sind aktive Inhalte der Webseite (Java-Script), die im Browser ausgeführt werden und mehr über den Browser und Dein Gerät erfahren können, wie Bildschirmauflösung etc. Für letzteres gibt es bereits gute Möglichkeiten, das Werbetracking zu blockieren. Auch Favicons, die kleinen bunten Symbolbilder oben in den Tabs, können zum Trocken verwendet werden. Von daher stimmt es mich wenig optimistisch, dass Google im Januar 2021 verlautbaren ließ, dass sie Cookie-basierte Werbung nun ersetzen wollen.[2]

· · ·

Der interessante Teil ist, dass quasi alle Technologien, die für Tracking eingesetzt werden, nie dafür gedacht waren, Menschen zu verfolgen und ihr Verhalten auszuwerten. Alle Technologien wurden entwickelt, um ganz andere Probleme zu beheben bzw. Funktionen zu erfüllen. Cookies beispielsweise lösen Sicherheitsprobleme beim Login in Onlineshops. Bevor es Cookies gab, wurde fast alles in der URL weitergegeben - das Login, was im Warenkorb lag etc. URL steht für »Uniform Resource Locator«, auch als »Webadresse« bekannt, also das, was im Browser oben in der Adresszeile steht. Die URLs wurden ziemlich lang und vor allem stand alles im Klartext, also unverschlüsselt drin. Wenn jemand jetzt dieser langen URL habhaft wurde, konnte die Person die Sitzung übernehmen und beispielsweise einen Kaufvorgang weiterführen, weitere Produkte hinzufügen etc. Durch die Einführung von Cookies wurden all diese Daten aus der URL wieder rausgenommen und lokal in einer Datei (dem Cookie) nur auf dem Gerät gespeichert. Also das Login, was im Warenkorb liegt etc. Dadurch kann jetzt nicht mehr jede:r einfach so beispielsweise einen Kaufvorgang oder das Login in ein Benutzer:innen-Konto irgendwo übernehmen. Leider sind Anbieter von Werbetechnologien gewieft und nutzen alles aus, was sie finden können. So auch viele Dinge, die in ihrer eigentlichen Funktion nützlich und sinnvoll sind.

Für's Verfolgen gebaut

Und dann gibt es noch das Tracking, das von den Herstellern in die Software selbst eingebaut ist. Das ist tatsächlich genau dafür entwickelt und eingebaut worden. Beispielsweise sendet der Edge Browser (früher: Internet Explorer), ständig Daten an Microsoft darüber, wie Du diesen Browser verwendest. Dasselbe tut Chrome für Google. Leider ist der Kern des Google Chrome Browsers mittlerweile in nahezu allen Browsern eingebaut: in Chrome selbst, in Edge, in Opera.

Chromium ist das OpenSource Projekt von Google Chrome, aber von Haus aus sind auch dort die Googledienste eingebaut. Wenn man es drauf anlegen möchte, kann man auch einen »degoogled Chromium« installieren[3], aber das ist leider schon für technisch Fortgeschrittene. Kurz gesagt senden mit ziemlicher Sicherheit alle Browser von Haus aus Daten an Google. Außer Firefox und Safari. Die kann man durch Ändern der Standardsuchmaschine auch so einstellen, dass sie möglichst googlefrei agieren. Safari sendet allerdings Telemetriedaten an Apple. Das sind Informationen darüber, wie der Browser verwendet wird, ggf. mit welchen Einstellungen, Add-ons, wann, wie oft und so weiter. Firefox ist der letzte »freie« Browser auf dem Markt.

GRUNDSÄTZLICH WÜRDE ICH VORSCHLAGEN, Firefox zu verwenden und auf Mobilgeräten Firefox Klar. (Dazu später noch mehr in den Quickwins.)

∿

Aber es ist doch nur ein Cookie ... Werbenetzwerke und die Maschinerie dahinter

Wozu wird dieses Tracking jetzt verwendet? Ich gebe zu, es klingt etwas abstrakt, wenn Firmen exakt nachverfolgen, was Menschen im Netz tun. Sie schauen Dir bei jedem Klick, schon bei jedem Bewegen der Maus über die Schulter. Wie lange hast Du Dir ein Bild angesehen? Wie oft hast Du die roten Schuhe aufgerufen? Vielleicht in mehr als einem Shop? Hast Du runtergescrollt zu den Bewertungen? Wieder hoch zu den Produktbildern? Hast Du Preisvergleichsseiten aufgerufen? In welchem Zeitraum? Vielleicht vor Weihnachten? Oder vor Deinem Geburtstag? Oder dem eines Angehörigen oder einer Freundin? Diese Informationen stehen nicht in einem Cookie. Aber sie, die Firmen, haben sie aus anderen Quellen wie vielleicht Deinem Facebook-Profil oder wenn Du diese Information irgendwo anders einmal, vielleicht bei einem Kaufvorgang, angeben musstest.

Und dann weiß es die ganze Welt

Ja, aber ich finde okay, wenn ein Schuhhersteller weiß, dass ich dessen rote Schuhe mag! Ja klar, ist es auch. Das Problem ist, dass nicht nur der eine Hersteller das weiß, sondern die ganze Welt, wenn er auf seiner Webseite beispielsweise Google Analytics eingebaut hat. Google Analytics ist genau das, wonach es klingt, das Webseitenbesucher-Analyse-Werkzeug von Google. Sprich: Google schaut jedem Webseitenbesucher auf die Finger. Und zwar unabhängig davon, ob Du mit dem Browser auf Deinem Computer darauf zugreifst oder über Dein Telefon. Die Analysesoftware läuft zusammen mit der Webseite auf dem Webserver und kriegt jede Anfrage auf diese Webseite mit.

Die Betreiber:in der Webseite hat davon, dass er:sie dadurch eine Zugriffsstatistik bekommt über u.a.: in welcher Gegend sind die Leute, die auf ihre Webseite kommen (also wo halten sie sich physisch auf, in welcher Stadt bzw. in welchem Gebiet), von welcher anderen Seite kommen sie (wo haben sie vorher gesurft), was schauen sie sich besonders häufig an, mit welchem Browser greifen sie auf die Webseite zu, mit welchem Gerät, welches Betriebssystem, welche Bildschirmauflösung und so weiter. Mit diesen Daten kann die Webseitebetreiber:in ihr Angebot »verbessern«. Erfahrungsgemäß bauen viele Google Analytics vor allem deshalb ein, weil es für Privatanwender:innen gratis ist und schauen dann nie wieder in diese Analysedaten rein.

. . .

MOMENT MAL, das ist gratis? Für Endkund:innen ja. Für Firmen-
kunden gibt es andere Verträge und die geschäftliche Nutzung ihrer
Dienste lässt sich Google auch gut bezahlen. Das heißt, sie
bekommen Daten sowohl von Firmen als auch von Privatleuten.
Dass es einen Teil der auf Webseiten gesammelten Daten auch den
jeweiligen Webseitenbetreiber:innen anzeigt, ist nett. Was im
Großen passiert ist, dass sie massenhaft Daten bis hin zur IP-
Adresse und Gerätekennung gratis auf dem Silbertablett serviert
bekommen. Und zwar nicht nur von einer Webseite, sondern von
sehr, sehr vielen. Von privaten Blogger:innen bis zu Großkonzernen
haben nahezu alle Google Analytics in ihre Webseiten integriert.
Google bekommt also eine ganze Menge Daten. Jede Sekunde. Von
Menschen weltweit. Und dadurch weiß Google, auf welchen Seiten
Du unterwegs warst, auch wenn Du keinen Google Browser
verwendest, weil es von möglicherweise 95% der Webseiten, auf
denen Du unterwegs warst, Deine Kennung sieht, wann Du da
warst, welche Links Du geklickt hast und so weiter.

WÄHREND VIELE BLOGGER:INNEN sich mit Google Analytics
zufrieden geben (oder eben ohnehin nie wieder in die gesammelten Daten reinschauen), sind die meisten Firmen nicht so
genügsam. Viele wollen noch zusätzliches Tracking haben, weil das
ja noch andere Daten anzeigt. Es gibt große Anbieter wie Adobe,
IBM oder Oracle, die ganze »Tracking-Suiten« anbieten. Die haben
Funktionen von Webseitenbesucher:innen-Analyse à la Google
Analytics bis hin zu Wiedererkennung von Personen über das Netz
hinweg – was Google auch macht, aber zumindest Endkund:innen
nicht rausrückt. Aber bleiben wir noch einen Moment bei der
einfachen Analyse. Eine Firma hat nun also sowohl Google Analytics als auch, sagen wir, Adobe Tracking auf der Webseite eingebaut. Jetzt bekommt also nicht nur Google, sondern auch Adobe
die Analysedaten. Adobe lässt sich allerdings dafür bezahlen, dass

es Daten kriegt und hortet. Trotzdem ist auch das Tracking von Adobe sehr verbreitet – ebenso wie das von IBM und Oracle. Adobe hat in seinem Tracking-Universum vorgesehen, dass Firmen etwas Geld wieder zurückgewinnen können, wenn sie die auf ihren Webseiten gesammelten Daten an einen zentralen »Marktplatz« weitergeben. Alle Firmen, die Adobe Tracking nutzen und am Marktplatz teilnehmen, haben Zugriff auf diese gesammelten Daten. Und es ist vorgesehen, dass Firmen, die Adobe Tracking verwenden, ihre Kundendatenbank daran anschließen, um Kund:innen auf den Webseiten, im eigenen Shop beispielsweise, konkret ansprechen zu können. Wenn man weiß, welche Produkte eine Person gekauft hat, kann man dadurch »Up-Selling« oder »Cross-Selling« betreiben, also passende Produkte anbieten. Und natürlich weiß nicht nur die Firma, die das Tracking einsetzt, welcher Kunde welches Produkt hat, sondern jetzt auch Adobe. Auf den Marktplatz kommen natürlich nur die anonymisierten Bewegungsdaten.

Wenn Du rausfinden möchtest, welche Seiten Adobe Tracking einsetzen, brauchst Du nur auf die Webseite der Adobe Tracking Suite gehen und in die Referenzen schauen. Sie sagen ja voller Stolz, wie viele und welche zufriedenen Kunden sie haben.

Google wird mit sehr hoher Wahrscheinlichkeit dieselben Erkenntnisse haben, ebenso wie IBM und Oracle und wie all die anderen Anbieter von Tracking-Software noch so heißen.

DANN GIBT es nicht nur diese Marktplätze, wo alle teilnehmenden Adobe-Tracking-Kunden aus dem Datenpool aller teilnehmenden Adobe-Tracking-Kunden schöpfen können, sondern es gibt auch noch sogenannte »Match-Tables«. Das sind Abgleich-Tabellen, die es an vielen Stellen im Netz gibt, wo Informationen zur Verbindung dieser IDs hinterlegt sind. Das bedeutet, diese Google-Analytics-Tracking-ID gehört zum selben Browser wie diese Adobe-

Tracking-ID, diese Oracle-Tracking-ID, diese sonstige ID und so weiter.

Einige Anbieter wie beispielsweise IBM, bieten auch Trackingmechanismen an, die in Realtime, also live, den Mitarbeiter:innen anzeigen, was Menschen gerade auf den Webseiten der Unternehmen machen. Auch dies wird unter anderem in großen Webshops eingesetzt. Für die Mitarbeiter:innen läuft quasi ein Film ab, in dem sie genau sehen, wo jemand mit der Maus gerade ist, ob die Person hektisch hin und her klickt oder ähnliches. Üblicherweise wird so etwas im Telefonsupport eingesetzt. Natürlich dürfen die Mitarbeiter:innen nicht sagen: »Ich sehe ja, wo sie gerade mit der Maus sind, probieren Sie es mal zwei Zentimeter weiter links«, sondern müssen artig drum herum reden. Aber sehen tun sie es häufig schon, insbesondere bei sehr großen oder umsatzstarken Onlineshops. Aufzeichnungen solcher »Screen-Sessions«, also wo man im Film sieht, wie Menschen über Webseiten und durch Onlineshops navigieren, sind dann im Einsatz, wenn die Shops verbessert werden sollen. »Verbessern« heißt, alles aus dem Weg zu räumen, was Menschen davon abhält, etwas zu kaufen.

Und selbst wenn Webseiten gar kein Tracking eingebaut haben, nichtmal Google Analytics, haben sie häufig »Google Fonts« eingebaut; »zur einheitlichen Darstellung der Webseite auf allen Geräten«. Das bedeutet, dass die Webseite die im Design verwendeten Schriftarten nicht auf dem eigenen Server hinterlegt hat, sondern die Schriften von Google lädt. Wenn Du also auf so einer Webseite surfst, wird eine Anfrage an einen Google-Server geschickt, der Google Deine IP-Adresse sagt (Wo soll die Schrift hingeschickt werden?) und von welcher Seite der Aufruf kommt. Google bekommt also noch eine ganze Menge mehr Informationen, wer auf welcher Webseite unterwegs ist, wann und wie lange, als nur durch das Tracking. Es gibt auch noch andere Webfont-Anbieter. Wenn Webseitenbetreiber:innen diese nutzen, bekommen diese Anbieter die genannten Informationen. Sie könnten auch einfach die paar Kilobyte Speicherplatz auf dem eigenen Webserver opfern und die Schriftart selber hinterlegen oder Systemschriftarten verwenden. Aber das wird einem teilweise unerfreulich schwer gemacht, wenn man selbst eine Webseite betreiben will und dafür beispielsweise Wordpress einsetzt. Wordpress ist eine sehr weit verbreitete, kostenlose Software, mit der auch Personen ohne Programmierkenntnisse eine Webseite erstellen können. Die Schriftarten manuell umzubauen ist mühsam und mit dem nächsten Update sind die Google Fonts wieder da.

Dasselbe gilt für jeden anderen »Third-Party-Content«, also alle Inhalte, die von anderen Seiten geladen werden. Von kleinen Grafiken bis zu iFrames, also in die eigene Webseite eingebetteten Inhalten. In dem Fall werden die Server, auf denen die zu ladenden Inhalte liegen, mit Deiner IP-Adresse und der Seite, auf der der externe Inhalt angezeigt werden soll, versorgt und kriegen so mit, wann Du, bzw. Dein Browser, auf welcher Webseite unterwegs ist und welche Inhalte angesehen werden.

Deswegen weiss nicht nur der eine Hersteller, dass Du auf rote Schuhe stehst, sondern auch der Rest der Werbetreibenden des Internets.

Ein alter Keks

Im Übrigen ist das Thema nicht neu. Shoshana Zuboff schreibt in »Das Zeitalter des Überwachungskapitalismus«:

»So hatte man Cookies, Softwaremechanismen, bei denen Informationen zwischen einem Server und einem Client Computer ausgetauscht werden, bereits 1994 bei Netscape Communications entwickelt. Auch Web Bugs, winzige, oft unsichtbar in Webseiten und eMails eingebettete Grafiken, die Nutzeraktivitäten überwachen und persönliche Informationen sammeln sollten, waren bereits Ende der 1990er-Jahre bekannt. IT-Spezialisten waren zutiefst besorgt ob der Implikationen solcher Überwachungsmechanismen für die Privatsphäre. Und zumindest im Falle der Cookies gab es institutionelle Bemühungen, Richtlinien für das Internet zu entwickeln, die deren Möglichkeiten, Nutzer zu überwachen und auszuspionieren, verboten. 1996 war die Funktion der Cookies bereits zum Politikum geworden und wurde heiß diskutiert. Auf Workshops der US-Bundeshandelskommission diskutierte man 1996 und 1997 Vorschläge, die Kontrolle über jegliche persönliche Information mittels eines simplen automatischen Protokolls von Haus aus dem Nutzer zu übertragen. Werbetreibende machten erbittert dagegen Front und versuchten, gemeinsam eine staatliche Regulierung durch eine Art freiwilliger Selbstkontrolle zu umgehen.«

Es folgte ein kurzes Intermezzo, in dem die Regierung Clinton Cookies auf allen Webseiten des Bundes verbot und bis April 2001 drei Gesetzesentwürfe hervorbrachte, in denen eine Regulierung von Cookies vorgesehen war.

»Google hauchte diesen Praktiken neues Leben ein. Seine Softwareentwickler und Wissenschaftler dirigierten nun als erste die gesamte kommerzielle Überwachungssinfonie. Sie integrierten dabei eine ganze Bandbreite von Mechanismen: Cookies, proprietäre Analytik, Algorithmen – zu einer umfassenden neuen Logik, die Überwachung und

*einseitige Enteignung von Verhaltensdaten als Basis einer neuen
Marktform verankerten.«*

Noch während der Testphase von Googles System im Jahr 2001 stiegen die Nettoeinkünfte bei Google um 400 Prozent auf 86 Millionen Dollar an. 2002 weiter auf 347 Millionen Dollar, 2003 auf 1.5 Milliarden und 2004 weiter auf 3.5 Milliarden.

DER GRUND, warum ich Dir dieses lange Zitat anführe, ist, weil Zuboff sehr gut illustriert, was hinter Deinem Browserfenster passiert. Und vor allem, wie lange schon. Ich empfehle die Lektüre des Buches »Das Zeitalter des Überwachungskapitalismus« sehr.

IM FALLE von Google haben sie natürlich nicht nur die Daten, die Du im Netz unwissentlich von Dir preisgibst, sondern auch alles, was Du als Endanwender:in über beispielsweise Google Docs an den Konzern übermittelst. Und Deine sowie die Informationen anderer Menschen via Google Mail und Google Kalender. Hierzu der Absatz aus den Google AGB:

»Unsere automatisierten Systeme analysieren Ihre Inhalte (einschließlich E-Mails), um Ihnen für Sie relevante Produktfunktionen wie personalisierte Suchergebnisse, personalisierte Werbung und Spam- und Malwareerkennung bereitzustellen. Diese Analyse findet beim Senden, Empfangen und Speichern der Inhalte statt.« [4]

Das Zitat stammt noch vom 25. November 2019, Absatz »Ihre Inhalte in unseren Diensten«. Mittlerweile hat Google diese Information gut über den ganzen Abschnitt verteilt, wie Du weiter oben gesehen hast.

ICH WERDE EINEN TEUFEL TUN, irgendwem die Nutzung von Services zu verbieten. Ich möchte nur, dass Du Dir dessen bewusst bist, welchen Rattenschwanz das hat.

～

Facebook-Pixel und Social Media

Was Webseitenbetreiber:innen und Blogger:innen außerdem häufig einbauen, sind »Facebook-Pixel« und Facebook-Like-Buttons. Das ist das Facebook-Tracking. Abgesehen von Informationen, die Facebook aus den Adressbüchern aller WhatsApp-Nutzer:innen bekommt, sammelt es auch auf Webseiten fleißig Daten, welcher Browser mit welcher Browserkennung und welcher IP-Adresse welche Seiten angeschaut hat, wie lange, was genau, was häufiger … Und Facebook ist sehr raffiniert darin, mögliche Werbeblocker zu umgehen. Seit Oktober 2018 wird das Facebook-Pixel nicht mehr als »Third-Party-Cookie« ausgegeben, die man leicht im Browser blockieren kann (mehr dazu bei den Quickwins), sondern als »First-Party-Cookie«, also als Cookie, das direkt von der Domain der Webseite selber kommt. Es ist also nicht mehr als Facebook-Cookies zu erkennen. So stellt Facebook sicher, dass der Datenstrom nicht so schnell versiegt.

Mit dieser Praxis ist Facebook nicht mehr alleine. Auch andere Werbenetzwerke verwenden diese Technik bereits. Der Werbeblocker uBlock Origin kann die »verkleideten« Tracker erkennen und Dir vom Hals halten, ist damit aber momentan noch immer recht allein auf weiter Flur. [567] Dabei wird die Praxis immer häufiger. Der zitierte Thread von Wolfie Christl nennt seit September 2020 unter anderem auch Adobe, Oracle, LiveRamp, Zeta Global, LiveIntent, Tealium und The Trade Desk als Werbenetzwerkanbieter, die Link-verschleierung als First Party Cookie anwenden. Hier ist auf jeden Fall ein Trend zu erkennen. Im Januar 2021 hat Firefox eine neue Version herausgebracht, die den Cookie-Speicher pro Domain anlegt. Das löst zwar nicht alle Probleme, macht aber »Supercookies«, wie sie zwischendrin genannt wurden, weniger effektiv.[8]

AUCH ANDERE SOZIALE Netzwerke schneiden gerne vom Daten-kuchen mit und bis zum Stichtag der DSGVO flossen fleißig quasi dieselben Daten, die Google, IBM, Facebook etc. einsammelten, auch an die Netzwerke, von denen ein Like- oder Teilen-Button auf der Webseite eingebaut war. Schon seit 2016 ist das nicht mehr erlaubt und es muss immer mindestens ein Aktivierungs-Klick dazwischen sein. Heise ist ein großer IT-Verlag und hat eine pfiffige IT-Abteilung, die an dieser Front erfreulicherweise Abhilfe geschaffen hat. So können Webseitenbetreiber den freundlichen Heise-Helfer namens »Shariff« einbauen, der die Like- & Share-Buttons deaktiviert, aber sichtbar auf der Seite lässt. Wenn ein:e Webseitenbesucher:in sich entscheidet, einen Artikel, Blogpost … auf einem sozialen Netzwerk, auf dem er oder sie einen Account hat, teilen zu wollen, kann die Person den Button anklicken, erst dann wird er aktiviert und erst dann fließen Daten an das jeweilige Netzwerk. Und auch nur an dieses. (Mehr zu Shariff im zweiten Teil, Quickwins für Blogger:innen, Podcaster:innen und Webseiten-betreuer:innen.)

$\sim$

Über alle Grenzen hinweg

Alle Anbieter sind mittlerweile sehr gut darin, Personen auch über mehrere Geräte hinweg zu identifizieren. Spätestens, wenn Du Dich auf Deinem Mobilgerät irgendwo einloggst, wo Google Analytics (oder Adobe Tracking, IBM, Oracle etc.) eingebaut ist, ist die Verbindung hergestellt und die jeweiligen Trackinganbieter wissen: Dieser mobile Browser, diese App, dieses Gerät mit der Kennung X gehört zur selben Person wie der Browser Y von vorher. Auch diese Informationen fließen an die oben erwähnten Match-Tables, also Abgleich-Tabellen und damit wieder an die ganze Welt. Wenn Du ein Android-Gerät verwendest, weiß Google das auch schon vorher, außer Du verwendest bereits an alternatives Betriebssystem anstelle des Google-Android-Betriebssystems.

APROPOS APP: Natürlich lässt sich Tracking-Software auch in Apps einbauen. Viele haben tatsächlich Google Analytics integriert und die App sendet fleißig Deine Nutzungsdaten nicht nur an den Apphersteller sondern auch an Google. Oder Facebook, falls Facebook-Tracking integriert ist. Außerdem gibt es für Apps sogenannte »Software Development Kits« (SDKs), die u.a. von Google und Facebook zur Verfügung gestellt werden. Wenn die Programmierer da – aus Unvorsichtigkeit oder auf Wunsch der Kunden – die Übertragung an den SDK-Hersteller nicht ausschalten, können selbst dann App-Nutzungsdaten an Google, Facebook etc. fließen, wenn keine spezifische Tracking-Software eingebaut wurde. Die großen Datenkraken stellen es schon sehr perfide an, wie und wo sie überall »unbemerkt« an Daten kommen.

Seit Dezember 2020 verlangt Apple von App-Herstellern, dass sie ausweisen, welche Tracker in den Apps zum Einsatz kommen und diese Informationen werden auch im Appstore angezeigt.[9] In der App-Übersicht findet man jetzt drei Kästchen: »Daten, die zum

Tracking Deiner Person verwendet werden«, »Mit Dir verknüpfte Daten« und »Nicht mit Dir verknüpfte Daten«. In dem letzten Kästchen stehen üblicherweise nur Diagnose-Daten, also Informationen zu App-Crashs und so. Es ist bei manchen Apps schon etwas beängstigend zu sehen, was dort alles erfasst wird. Das ist offenbar auch den Menschen bei Apple aufgefallen, denn pünktlich zum internationalen Datenschutztag am 28. Januar 2021 ließen sie verlautbaren, dass sie jetzt die Funktion »Do not track Apps« einführen.[10] Das bedeutet, dass Nutzer:innen von iPhones und iPads Apps einzeln erlauben oder verbieten können, ihr Verhalten zu tracken. Das ist eine ziemlich große Entwicklung in die datenschutzmäßig richtige Richtung.

～

»Jetzt lass mich doch in Ruhe Serien gucken!«

Wozu sollen wir noch CDs oder DVDs/BluRays zu Hause rumstehen haben? Sie nehmen nur Platz weg, verstauben und wenn Besuch kommt, muss man die erotische Sammlung von gestern Abend noch schnell wieder in der Schublade verschwinden lassen. Immerhin gibt es das TV-Angebot Deines Internetproviders, Netflix, Amazon Prime, Spotify, Apple-TV+ und wie sie alle heißen. Da braucht man keine DVDs mehr kaufen und nix steht im Weg und verstaubt.

Allerdings haben auch Streamingdienste eine zweite Seite der Medaille. Sie wissen ganz genau, was Du Dir anschaust und wann, wann Du Pause machst, welche Stelle des Films Du Dir mehrfach angesehen hast, mehrfach mit kurzer Pause dazwischen, … Sie kennen Deine gesamte Filmsammlung oder alle Musik in Deinen Playlisten. Dadurch lässt sich recht viel ableiten. Deine politische Einstellung beispielsweise, Deine sexuelle Orientierung, Deine allgemeine Gemütslage und eine sehr hohe Wahrscheinlichkeit von sozialer Stellung, Finanzkraft und Bildungsniveau. [11]

Deine Adresse und Zahlungsdaten haben sie durch das Abo ohnehin. Wie viele dieser Daten sie für sich behalten oder in die Werbenetzwerke einspeisen, ist ungewiss. In den AGB steht üblicherweise sowas wie »teilen die erhobenen Daten mit Dritten«.

~

Offline Tracking

Tracking passiert nicht nur online oder in Apps oder in Streamingangeboten. Auch das Offline, die physische Welt, bietet vielfältige Möglichkeiten der Datenerhebung.

Kundenkarten sind eine Möglichkeit, ein sehr detailliertes Bild darüber zu bekommen, was eine Person – oder ein Haushalt – einkauft, in welcher Lebenssituation die Person ist, in welcher Lebensphase, ob Krankheiten vorliegen oder Verletzungen, eine Krebserkrankung, Allergien etc. Target, eine Supermarktkette in den USA hat einer minderjährigen Kundin mit einer übschwenglichen Post-Werbesendung und einem Haufen Gutscheine für Schwangerschaftsprodukte gratuliert, was zu einem ziemlichen Eklat bei der jungen Frau zu Hause führte. Ihre Eltern wussten nämlich noch nichts davon. Der Vater machte dann auch einen ziemlichen Aufstand bei der Supermarktkette, ob sie seine Tochter damit animieren wollten, schwanger zu werden; wofür es natürlich bereits zu spät war. [12] Die Supermarktkette wusste es, weil sich das Einkaufsverhalten der jungen Frau geändert hatte und diese Verhaltensänderung statistisch genau ins Bild werdender Mütter gehörte.

ÜBERGREIFENDE EINKAUFSKARTEN WIE Payback oder die Deutschlandcard erfassen die Daten nicht nur auf eine Ladenkette

72

beschränkt, sondern gleich über eine ganze Reihe an Ketten, Tankstellen etc. hinweg. Hier werden ganze Abbilder unserer Leben erstellt, um uns mit zielgerichteter Werbung »targeten« zu können. »Targeting« bedeutet, ins Visier nehmen, anvisieren – wenn wir der Werbeindustrie also vor die Flinte laufen. Wir verlieren vielleicht nicht so schnell unser Leben dabei. Aber unser Geld, weil sie durch immer mehr Daten sehr genau wissen, womit sie es uns aus der Tasche ziehen können und wann der beste Zeitpunkt dafür ist. Sie lassen es nur so aussehen, als würden wir eine eigene Entscheidung treffen.

Kartenzahlungen sind ebenfalls ein Daten-Loch. Selbst wenn ich meinem Freund nicht sage, dass ich mir ein Paar rote Schuhe gekauft habe, meine Bank weiß es. Entweder weil ich selten »mit soviel Geld« in der Stadt herumlaufe und stattdessen mit Karte bezahlt habe, oder weil ich sie gleich online bestellt habe, weil es genau diese roten Schuhe nicht hier in der Stadt gibt. So oder so, meine Bank weiß über so ziemlich alles Bescheid. Manche Ladenketten knüpfen auch die eigene Kundenkarte an eine Bankkarte dran. Wenn man Bonuspunkte einstreichen möchte, ist man dann gezwungen, mit der Karte zu zahlen. So sind gleich zwei Fliegen mit einer Klappe mit Daten versorgt.

Und wenn wir schon in Geschäften unterwegs sind sei erwähnt, dass viele, insbesondere Ladenketten, aber auch Bahnhöfe, Flughäfen, Einkaufszentren, Fußgängerzonen etc. WiFi- und/oder Bluetooth-Tracking einsetzen. Das nennt sich »Besucherstromanalyse«, wird auch von IBM, Cisco und Oracle etc. angeboten und bedeutet, dass beobachtet wird, wie sich unsere Geräte, die WiFi oder Bluetooth angeschaltet haben, durch den Laden, den Bahnhof, das Kaufhaus bewegen vor welchem Regal sie wie lang stehenbleiben und so weiter. Natürlich wird das auch aufgezeichnet und die Geräte bei nächster Gelegenheit wiedererkannt. Denk kurz dran, was in Deiner Tasche oder Deinem Rucksack alles WiFi oder Bluetooth kann, inklusive Kopfhörer, eRoller und Schlüsselanhänger. Du kannst sofort zu den Quickwins blättern, oder noch ein bisschen weiterlesen.

Natürlich haben quasi alle Läden bereits Videoüberwachung. »Zu Ihrer eigenen Sicherheit«. Gesichtserkennung ist technisch mittlerweile ein Kinderspiel und mit sehr günstiger Hardware umzusetzen. Es gibt Geschäfte, die setzen Gesichtserkennung ein, um Menschen zielgerichtete Werbung anzuzeigen. Wenn eine Frau Ende Vierzig an der Kasse steht und wartet, wird ihr auf dem Bildschirm vielleicht ein Vitaminpräparat angezeigt. Ein junger Mann bekommt vielleicht Werbung für ein Aftershave etc. [13]

Eine Weile wurde dies auch in Apotheken probiert, aber da rebellierten die Kund:innen dann doch. [14][15] Gut so. Auch hier müssen wir dringend darüber öffentlich diskutieren, wie wir als Gesellschaft mit solchen Techniken umgehen wollen. Denn letztlich sind auch individuelle Preise für Produkte technisch bereits möglich. Also, dass Du und ich im selben Laden für dasselbe Produkt unterschiedliche Preise bezahlen, allein aufgrund dessen, was die Werbeindustrie jeweils von uns weiß. Ob diese Informationen zu 60, 80 oder 95% richtig sind, ist an der Stelle im Einzelfall durchaus relevant, wenn sich jemand vielleicht kein Brot mehr leisten kann, weil die Person fälschlicherweise als »reich« eingestuft wurde, beispielsweise nur weil sie ein iPhone statt eines günstigen Androidgerätes nutzt, während sie vor dem Regal steht. Was die Algorithmen nicht mitbekommen haben, ist, dass sie dieses vielleicht gebraucht geschenkt bekommen hat. Die nächste Person mit einem »billigen« Androidgerät vom Discounter, zahlt vielleicht nur die Hälfte für dasselbe Brot, weil diese Person als weniger finanzstark eingestuft wurde. Natürlich sind die Geräte, die wir nutzen, nur ein kleiner Teil in einer ganzen Reihe an Faktoren, aber ich denke, Du merkst, worauf ich hinaus will.

---

1. https://www.heise.de/tr/artikel/Datenschutz-Trotz-Anonymisierung-leicht-zu-finden-4479957.html
2. https://www.inside-it.ch/de/post/schafft-google-nun-die-cookies-ab-20210126
3. https://github.com/Eloston/ungoogled-chromium
4. https://policies.google.com/terms?hl=de
5. https://www.theregister.co.uk/2019/11/21/ublock_origin_firefox_unblockable_tracker/
6. https://twitter.com/WolfieChristl/status/1198702205148258306
7. https://twitter.com/PrivacyMatters/status/1198892482437799937
8. https://t3n.de/news/supercookies-ade-firefox-85-1352462/
9. https://www.heise.de/news/Datenschutzlabels-fuer-iPhone-und-iPad-Google-laesst-sich-weiter-Zeit-5033833.html
10. https://futurezone.at/apps/apple-laesst-nutzern-bei-app-tracking-die-wahl/401170042
11. Vortrag »Sag mir, was du hörst - und ich sage dir, wer du bist!« von Christine Bauer bei der PrivacyWeek 2019; zum Zeitpunkt des Erscheinens war die Aufzeichnung noch nicht online verfügbar.
12. https://www.forbes.com/sites/kashmirhill/2012/02/16/how-target-figured-out-a-teen-girl-was-pregnant-before-her-father-did/#2cc130db6668
13. https://www.sueddeutsche.de/wirtschaft/ueberwachung-im-supermarkt-abgescannt-im-supermarkt-1.3529017
14. https://www.heise.de/newsticker/meldung/Medikamenten-Empfehlung-per-Gesichtserkennung-3901525.html
15. https://www.heise.de/tp/features/Bayer-beendet-Gesichtsscans-in-oesterreichischen-Apotheken-3904255.html

4

ALGORITHMEN & »KI«

»K I« steht für »künstliche Intelligenz«. »AI«, »artificial intelligence« ist das englische Wort dafür. Momentan ist KI neben »IoT« (Internet of Things, also Internet der Dinge), »Blockchain« und »Cloud« eines der Schlagworte, mit denen Marketingabteilungen und Managementleute gerne um sich schlagen. Das alles sind Begriffe, die auf Vortragsfolien stehen, während in der Realität ganz andere Dinge vor sich gehen.

Künstliche Intelligenz ist die Vorstellung davon, dass Computer selbst lernen und intelligente Entscheidungen treffen können. Aktuell sind wir allerdings noch weit davon entfernt, dass Computer die Weltherrschaft aufgrund künstlicher Intelligenz übernehmen. Die Wahrscheinlichkeit, dass eine Malware wie der Verschlüsselungstrojaner WannaCry oder ähnliche einfach aufgrund unserer eigenen Unvorsichtigkeit einen Großteil aller Computersysteme befallen und unbrauchbar machen und deswegen unsere Zivilisation gefährdet wird, ist deutlich höher. Was wären wir ohne Krankenhäuser, ohne Müllabfuhr, ohne Verkehrsbetriebe, ohne Strom?

Algorithmen

Momentan haben wir vor allem durch Trainingsdaten angelernte Algorithmen mit all ihren Stärken und vor allem Schwächen.

In den Medien hört es sich meist so an, als wäre der Algorithmus ein Ding, wo vorn jemand auf einen Knopf drückt und am Ende dann ein eindeutiges Ergebnis rausfällt: »ja« oder »nein«. Ganz so ist es nicht. Das Wort »Algorithmus« ist leider sehr unscharf und in der momentanen Verwendung durch Marketing und Medien wird es oft nur schwerer zu fassen, womit wir es eigentlich zu tun haben.

Ein Algorithmus ist erst einmal nur eine festgelegte Definition, wie etwas getan werden soll. Ein definierter Ablauf. Stell es Dir vor wie ein Kochrezept. Im konkreten Zusammenhang ist ein Algorithmus ein Ablauf, eine Handlungsanleitung, wie und in welcher Reihenfolge von Schritten aus vorhandenen Daten ein Ergebnis errechnet werden soll.

Jeder Algorithmus wird für einen bestimmten Zweck entwickelt, darauf mit Trainingsdaten trainiert und kann nur für diesen Zweck angewendet werden. Jeder angelernte Algorithmus ist direkt abhängig von seinen Trainingsdaten.

Mit einem Rezept für Suppe einen Kuchen zu backen, wird zu merkwürdigen Ergebnissen führen. Und genau das passiert auch momentan regelmäßig, da die auf ein Gebiet angelernten Algorithmen recht stupide die Daten verarbeiten, die man ihnen einfüttert. Dein Suppen-Algorithmus würde aus Zutaten für Kuchen trotzdem versuchen, eine Suppe zu kochen.

Häufig sind also mehrere Algorithmen im Einsatz, wenn es um die Lösung einer Aufgabe geht und jeder davon arbeitet auf seinem Spezialgebiet (also seinem einzigen Gebiet).

Machine Learning

Der nächste Schritt zur KI ist das sogenannte »Machine Learning« oder »Deep Learning«. Das sind selbstlernende Algorithmen, bei denen am Ende praktisch nicht mehr nachvollzogen werden kann, wie der Algorithmus zu einer Entscheidung gekommen ist. Sowohl das Lernen als auch die Entscheidung findet unbeobachtet und undokumentiert in einer »Blackbox« statt, die aus Millionen Parametern bestehen kann.

Angenommen, Du hättest einen neuen Suppen-Algorithmus, der sich aus allen Kochbüchern der Stadtbibliothek selbst beibringen soll, wie man Suppe kocht und Du würdest ihn mit all diesen Rezepten dann alleine lassen. Am Ende sollte er beispielsweise selbst neue Suppenrezepte erstellen können. Die tatsächlichen Ergebnisse sind allerdings häufig noch experimentell, insbesondere, wenn die eingefütterten Daten für den Algorithmus Überraschungen beinhalten. Das Ergebnis ist meist ebenso überraschend. So etwas wie: »Wenden Sie den Topf um 180 Grad.«

Unter Laborbedingungen mag das interessant sein, aber im täglichen Business will man so etwas momentan maximal für Hilfszwecke im Einsatz haben. Denn man kann im Nachhinein nicht vorlegen, wie eine Entscheidung zustande kam, was ggf. rechtlich und in Haftungsfragen durchaus relevant sein kann.

»Echte KI«

Eine echte (oder »starke«) »KI« soll im Gegensatz zu einem angelernten Algorithmus selbständig »verstehen«, wenn beispielsweise eingefütterte Daten nicht zum Arbeitsmuster passen und nicht mit dem weiterarbeiten, was eingefüttert wurde. Eine echte Suppen-KI sollte sich melden, wenn auf der eingefütterten Zutatenliste ein Hammer auftaucht. Sie würde jedenfalls nicht einfach stupide den Hammer kochen, sondern erkennen, dass hier vielleicht keine

Suppenzutatenliste vorliegt, da sie mehr Zusammenhänge verstehen sollte.

Wie lange es noch zum weitreichenden Einsatz »echter« KI hin ist, ist schwer zu sagen. Lass Dich jedenfalls momentan nicht ins Bockshorn jagen, wenn irgendwo »KI« auf Vortragsfolien steht.

～

Was ist Profiling?

Was über das feinmaschige Netz an unterschiedlichen Trackings passiert, ist eine sehr detaillierte Profilerstellung von Menschen. Mag rote Schuhe, war das letzte Mal im Sommer 2019 im Urlaub auf Rügen, hat einen Citroen Kleinwagen, 2 Kinder, lebt auf dem Dorf, surft immer nach 21 Uhr auf Seiten von Versandhauskatalogen, hat Kundenkarten bei 34 Unternehmen, hat ein Android-Tablet … Jede Information, die irgendwie in die Maschinerie der Werbenetzwerke reinläuft, wird zusammengeführt und ausgewertet.

Allerdings sitzen da selten Menschen, die sich diese Datenlawinen anschauen und genau analysieren. Daten werden erfasst, dem Konvolut einverleibt, im Ganzen oder auch nur in Teilen weiterverkauft, an der nächsten Stelle wieder mit weiteren Daten aus anderen Quellen zusammengeführt, wieder weiterverkauft, wieder zusammengeführt, nur zum Teil weiterverkauft, und so weiter und so fort. Vollkommen automatisch im Millisekundentakt.

Leider sind Computer dumm und können nur 0 und 1. (Techniker.innen mögen die Vereinfachung an der Stelle verzeihen.) Und jede Software kann auch nur 0 und 1. Und so ein Entscheidungsbaum hat vielleicht 25 Auswahlmöglichkeiten, was soviel bedeutet, dass es einmal 1 und 24 mal 0 gibt. Algorithmen sind Software und nur maximal so schlau wie die Trainingsdaten, die sie bekommen haben. Damit haben sie von Haus aus in nahezu 100% aller Fälle eine angelernte Schieflage, weil sie nur das kennen, was ihnen angelernt wurde und so gut wie nie eine ausreichend diverse Auswahl an Trainingsdaten zur Verfügung steht. Es werden nicht *mehr* Daten benötigt. Es werden *diversere, also vielfältigere, durchmischtere* Daten benötigt. Deswegen neigen Algorithmen dazu, Dinge falsch zu deuten, falsch einzusortieren und dadurch Situationen und auch Menschen falsch zu bewerten. Da kann der Computer nichtmal etwas dafür und es ist ihm auch vollkommen egal. Er kann nur 0 und 1.

So gut und so erschreckend die automatisierte Profilerstellung auch geht, wird es nie eine 100%ige Trefferquote geben. Wenn es 90% wären, wäre das schon sensationell, tatsächlich liegen wir aber sehr sicher deutlich darunter; je nach Anwendungsfall. Gehen wir für den Moment von den optimistischen 90% aus. Wenn von 80 Millionen Menschen in Deutschland oder 8 Millionen in Österreich 10% durch Algorithmen automatisiert falsch eingestuft werden und es sich nicht um einen Shop-Algorithmus handelt, der Dir die nächsten roten Schuhe vorschlagen, sondern einem Mitarbeiter einer Krankenkasse »ja« oder »nein« ausgibt, ob die Person eine Krankenversicherung bekommen darf oder nicht, sieht die Sache schon ganz anders aus. Selbst wenn wir dem Krankenkassenalgorithmus eine Treffergenauigkeit von 90% zugestehen, so sind bei 80 Millionen Menschen tatsächlich 8 Millionen falsch kategorisiert. Die Frage sollte also sein: Wollen wir als Gesellschaft, dass Teile der Gesellschaft ohne tatsächlichen Grund beispielsweise keine Kranken- oder sonstige Versicherung bekommen? Oder keinen Kredit? Und gerade Banken, Kreditauskunfteien und Krankenkassen haben einen ganzen Teil ihrer Informationen aus einem Datenkonvolut der Werbeindustrie.

. . .

In Österreich hat das Arbeitsmarktservice (»AMS«, also das Arbeitsamt) einen Algorithmus, der Arbeitsuchende in drei Kategorien einteilen soll: A, B und C. Die Kategorien wirken sich darauf aus, wieviel Unterstützung, Weiterbildung, Umschulung etc. eine Person bekommen kann. Dieser Algorithmus berechnet automatisch Punktabzug für Frauen, einen weiteren, wenn Betreuungspflichten bestehen und für Menschen mit Migrationshintergrund gibt es ebenfalls Punktabzug. Ein Modell des AMS-Algorithmus ist teilweise veröffentlicht und jede:r kann dort die eigenen Lebensumstände eingeben und schauen, wie hoch die Wahrscheinlichkeit auf eine kurzfristige Arbeitsmarktintegration ist. Das Modell befindet sich leider hinter einer Cookie- oder Paywall auf der Seite der Tageszeitung »Der Standard«:

-> https://apps.derstandard.at/privacywall/2000089925698/Berechnen-Sie-Ihre-Jobchancen-so-wie-es-das-AMS-tun

Das Ergebnis des Algorithmus entstammt der harten Kante 0 oder 1. Und die ist vollkommen unabhängig davon, wie korrekt die vorher eingegebenen Daten sind. Dieses Ergebnis ist laut AMS nur ein Vorschlag und die Mitarbeiter:innen dürfen auch anders entscheiden, müssen dann allerdings ihre Entscheidung vor dem:der Vorgesetzten begründen.

Es gibt eine Episode im Datenschutz Podcast »Bias in Algorithmen«, wo das Thema »einseitig angelernter Algorithmen« tiefer diskutiert wird. [1]

～

Computer sagt nein.

Es ist erschütternd zu beobachten, wie sehr wir – und da nehme ich mich auch nicht aus – auf Technik vertrauen. Wenn der Taschenrechner mir ein Ergebnis liefert, werde ich einen Teufel tun, alles nochmal per Hand nachzurechnen. Wozu habe ich den Rechner?

Und jemand wird sich schon viel Mühe damit gegeben haben, dem Ding vorher beizubringen, wie es zu rechnen hat.

Im Fall eines Taschenrechners für die Mathe-Hausaufgaben mag das völlig unproblematisch sein. Das hoffe ich jedenfalls. Aber in wie vielen anderen Fällen vertrauen wir blind auf Ergebnisse, die auf Displays vor uns angezeigt werden?

Wir sind über die letzten Jahre von den Herstellern von Hard- & Software darauf dressiert worden, bunte, blinkende Dinge unhinterfragt zu nutzen. Von der Idee der 1980er-Jahre, dass Computer etwas seien, das sich jede:r nach Belieben selbst zusammenbaut und für die eigenen Anwendungszwecke programmiert, sind wir weit abgekommen. Es wird Zeit, dass wir als Gesellschaft darüber diskutieren, wie wir unsere Souveränität hier wiedererlangen können. Eine fundierte digitale Grundbildung ist sicher ein großer Baustein, um die unhinterfragbaren Ergebnisse von Computern und »KI« doch zumindest einordnen zu können.

---

1. https://www.datenschutz-podcast.net/podcast/ds030-bias-in-algorithmen/

5
___

GESELLSCHAFTLICHES

Statt vage Vergesellschaftung doch wieder mehr Gesellschaft wagen

W arum brauchen wir als Gesellschaft einen Diskurs über Datenschutz?
All die bereits genannten Probleme schweben nicht einfach in der Luft und betreffen nur punktuell ausgewählte Einzelpersonen. Wir sind hier einem gesellschaftlichen Problem auf der Spur, das sich nicht so einfach auflösen lässt. Gesellschaft bedeutet, dass es jede:n Einzelne:n von uns mit-betrifft.

Wenn Krankenkassen uns heute anbieten, einige Euro beim Tarif zu sparen, wenn wir einen Fitnesstracker tragen und ihnen die Daten daraus zur Verfügung stellen, oder eine »Blackbox« ins Auto einbauen lassen, die alles aufzeichnet, mit welcher Geschwindigkeit wir wo gefahren sind, ob wir eine rote Ampel überfahren haben und so weiter und so fort. [1] Das ist so lange lustig, wie wir die freie Entscheidung treffen können, diesen Tarif zu wählen und freiwillig unsere Daten zu übertragen, um von dem gesparten Geld ein Eis essen zu gehen. Oder besser einen Salat. Der Spaß hört allerdings

83

da auf, wo wir den Krankenkassen (und allen anderen) erlauben, diese Geschäftsmodelle zu etablieren und in zwei oder drei Jahren der alleinerziehende Vater auf dem Land keine andere Wahl hat, als den »smarten« Tarif zu nehmen, weil er sich einen ungetrackten nicht leisten kann. Weder für sich noch für das Auto. Es ist noch lustig, wenn wir jetzt sagen: »Ha, 10 Euro sparen? Aber gerne doch!« Es gibt Menschen, die schon 2018 versucht haben, ihr Fitbit mit Google und ihrer Krankenkasse zu koppeln – für ein paar mickrige Prozent Bonus bei der Prämie. Dazu gibt es leider echte Forenbeiträge im Fitbit Forum. Mir wäre es auch lieber, ich hätte mir das ausgedacht. [2] Krankenkassen bieten die Möglichkeiten, die eigenen Fitnessdaten bereitzustellen, natürlich gerne an; nicht nur für Fitbit, es gibt da auch noch Samsung Health und mehr. Und vielleicht verspüren einige ein leichtes Unbehagen, wenn wir lesen, dass Google im Herbst 2019 Fitbit gekauft und jetzt alle unsere Bewegungs- und Körperdaten hat. [3] Firmen haben Backups, da kannst Du noch so viele aktuelle Daten löschen, wie Du willst.

WIR SIND NICHT ALLEINE – weder auf der Welt noch in dieser Gesellschaft. Vielleicht liegt es zum Teil daran, dass wir es mittlerweile gewöhnt sind, dass alles auf uns persönlich zugeschnitten wird. Alles ist personalisiert, alles ist »extra für mich« gemacht. Da gibt es wenig andere Menschen außen rum. Es spielen noch ganz andere gesellschaftspolitische und gruppendynamische Prozesse eine große Rolle. Wir werden immer mehr dazu erzogen, die Verantwortung für uns selbst an andere abzugeben. Sie machen es uns ja auch zu leicht. Aber jede:r von uns ist Teil dieser Gesellschaft und hat eine gesellschaftliche Verantwortung, nicht nur sich selbst, sondern auch seinen:ihren Nächsten gegenüber. Gemeinsam mit Bequemlichkeit sind solche freiwilligen (»freiwilligen«?) Datenweitergaben die größte Gefahr für uns als Gesellschaft, denn:

· · ·

Ich habe vorher schon davon gesprochen: Datenschutz ist ein Teamsport. Jetzt habe ich das »böse Wort« gerade
zweimal am Stück genannt. Jede:r ist nicht nur für sich und seine
eigenen Daten verantwortlich, sondern auch für die aller anderen
Leute, die er oder sie beispielsweise (aber nicht nur!) im eigenen
Smartphone hat. Vom Adressbuch bis zum Fotoalbum und in all
den Apps, die wir so gern – weil buntes Karussell – nutzen. Alles,
was wir tun, hat direkte oder indirekte Auswirkungen auf unseren
gesamten »sozialen Graphen«, auf unser gesamtes Netzwerk. Es
sind nicht nur meine paar persönlichen Daten betroffen, sondern
auch gleich die von meinen 157 Kontakten im Adressbuch und die
von all den Leuten, von denen ich Fotos, Videos oder Nachrichten
in irgendeinem Netzwerk oder irgendeiner App habe.

Solange unsere Zivilisation noch steht und alles am Internet
hängt, haben wir die Aufgabe, dieses Konstrukt auch als Gesellschaft zu tragen. Dafür müssen wir dringend Dialoge führen. Nicht
immer nur gut bezahlte Wirtschafts-Lobbyist:innen mit Politiker:in-
nen, um Geschäftsmodelle zu zementieren. Wir brauchen einen
gesellschaftlichen Diskurs, wie wir mit der Technologie und vor
allem auch miteinander leben und umgehen möchten.

Oder, wie Aral Balkan es vor dem EU-Parlament im November
2019 formulierte: »*Ich höre hier immer von Märkten. Wo sind wir hier?
Die Ferengi-Allianz? Wir sind im EU-Parlament!*« [4]

∾

Wieder mehr Verantwortung wagen

Du wirst nicht glauben, an wie vielen Schulen ich schon Schilder gesehen habe mit Aufschriften wie »Eltern, die Schüler:innen bitte nicht bis in die Klassenzimmer bringen«.

Ich will das Thema gar nicht lang diskutieren, das muss jede Familie für sich selbst entscheiden. Aber eine Frage möchte ich gerne mit auf den Weg geben: Wie sollen Kinder Verantwortung für sich und andere lernen, wenn ihnen alles abgenommen wird?

Meine Erfahrungen aus dem Projekt »Chaos macht Schule« sind, dass Kinder und Jugendliche durchaus sehr bewusst Probleme wahrnehmen können und neugierig hinterfragen. Auch wenn der Vergleich von damals draußen auf dem Land und der Aussage: »Ihr kommt nach Hause, wenn die Straßenlaternen angehen oder eine:r blutet«, mit der heutigen Gesellschaft hinkt, können wir den Kindern und Jugendlichen durchaus mehr zutrauen. Auch hier brauchen wir viel mehr Dialog. Nicht zuletzt Fridays for Future zeigen uns sehr klar, dass komplexe Zusammenhänge auch von jungen Gehirnen sehr gut erfasst und deutlich gemacht werden können.

$\sim$

Über # gatedcommunities und die Möglichkeit der Teilhabe

Gated communities? Was soll das schon wieder sein? Nun, eine »gated community« ist eine Gemeinschaft innerhalb eines Gartenzauns. Sowas wie Facebook oder Twitter oder das geschlossene Hasenzüchterforum sind gemeint. Alle Netzwerke, die von außen nicht oder nur sehr begrenzt einsehbar sind und außerhalb deren Schranken man nicht mitspielen kann, wenn man nicht selbst Teil dieser Community ist.

· · ·

ICH ERINNERE an dieser Stelle noch einmal an die eMail, die ein Dienst ohne zentrale Verwaltung ist, an dem jede:r teilnehmen kann. Heute würde sie nicht mehr erfunden werden können, weil der Großteil aller Plattformen nur in sich funktioniert und gar nicht mit anderen reden will. Technisch gibt es keinen Grund, warum Leute auf Twitter nicht auch Nachrichten mit Leuten auf Facebook austauschen können sollten. Aber das wollen die Betreiber nicht. Früher gab es ja noch @facebook-eMail-Adressen, wo man Nachrichten »von außen« in Facebook kriegen konnte. Genauso wie der Facebook-Chat früher mal auch von und nach außen funktionierte. Aber mittlerweile hat sich die Firmenpolitik, ebenso wie das Geschäftsmodell verfestigt: Es sollen so viele wie möglich direkt auf der eigenen Plattform sein, denn dann kann man denen Werbung anzeigen und damit Geld verdienen, durch die Menschen, die ihre Zeit auf der Plattform verbringen. Zeit auf der Plattform = Zeit mit Werbung. Alles, was Menschen dazu bringen könnte, von der Plattform wegzuklicken, ist schlecht. Und Interoperabilität – also dass Plattformen mit anderen Plattformen zusammenarbeiten, technisch zusammen funktionieren – ist bei den Platzhirschen nicht erwünscht. Am Ende würde noch jemand, der einen Account ganz woanders hat, mit einem der *eigenen* Nutzer kommunizieren können. So wie bei eMail. Oder jemand, der gar keinen Social-Media-Account hat könnte lesen, wann das nächste öffentliche Treffen der Hasenzüchter stattfindet. Als hätten sie einen eigenen Blog.

Viele Firmen sagen: »Wir haben eine Facebookseite. Natürlich sind wir im Internet vertreten!« Nein, seid Ihr nicht. Ihr seid auf Facebook. Und wenn Dein Podcast nur auf Soundcloud läuft, ist es kein Podcast, sondern ein Audioblog für Soundcloud-Benutzer:innen. Facebook und Soundcloud sind nicht das Internet. Sie sind nur sehr kleine Teile des WWW, des World Wide Web. Und das WWW ist nur ein kleiner Teil des Internets.

Ich habe vor einer Weile in einem Vortrag die These aufgestellt, dass die stagnierenden Facebook-Nutzungszahlen daran liegen, dass Menschen sich durch solche Gartenzaun-Angebote gezwungen sehen, einen Facebook-Account anzulegen oder zu behalten, obwohl sie von sich aus nie auf diese Plattform wollen. Ohne solche Angebote wären die Nutzungszahlen meiner Einschätzung nach rückläufig. Aber wenn die einzige Austauschmöglichkeit eines kostenpflichtigen Kreativkurses nunmal eine geschlossene Facebookgruppe ist, wie viele Menschen (außer mir) pfeifen dann auf den Austausch? Abgesehen davon, dass Anbieter solcher Kurse ihre Teilnehmer:innen dazu zwingen, ihre kreativen Inhalte – Fotos, Podcastepisoden, Bilder, Texte, … – an Facebook zu verschenken, die kommerziell damit machen dürfen, was sie wollen und nach US-Recht auch gleich das Urheberrecht dazu haben.

Einige Alternativen zu den datenschnorchelnden Platzhirschen findest Du im zweiten Teil.

$$\sim$$

Die Verantwortung der Anderen

Da ist wieder das böse V-Wort. Aber neben jedem:jeder Einzelnen von uns haben vor allem auch Anbieter Verantwortung. Anbieter von Webseiten, Apps, Onlineangeboten, … In Firmen gewinnt meistens die Marketingabteilung gegen die IT und so enden viele Apps, Webseiten und Onlinespiele verwanzt bis an die Zähne. Erfreulicherweise werden immer mehr Stimmen laut, dass das so nicht geht. So schrieb der deutsche Bundesbeauftragte für den Datenschutz, Ulrich Kelber, in einer Pressemitteilung vom 14. November 2019:

»Wenn Anbieter von in Websites eingebundenen Dritt-Diensten die dort erhobenen Daten auch für eigene Zwecke nutzen, muss hierfür vom Websitebetreiber eine explizite Einwilligung der Nutzerinnen und Nutzer eingeholt werden.

Der Bundesbeauftragte für den Datenschutz und die Informationsfreiheit, Ulrich Kelber, fordert daher Website-Betreiber auf, ihre Websites umgehend auf entsprechende Dritt-Inhalte und Tracking-Mechanismen zu überprüfen: »Wer Angebote einbindet, die wie zum Beispiel Google Analytics rechtlich zwingend eine Einwilligung erfordern, muss dafür sorgen, von seinen Websitenutzern eine datenschutzkonforme Einwilligung einzuholen. Dass dies nicht mit einfachen Informationen über sogenannte Cookie-Banner oder voraktivierte Kästchen bei Einwilligungserklärungen funktioniert, sollte hoffentlich mittlerweile jedem klar sein. Jeder Websitebetreiber sollte sich daher genau damit auseinandersetzen, welche Dienste bei ihm eingebunden sind und diese notfalls deaktivieren, bis er sichergestellt hat, dass ein datenschutzkonformer Einsatz gewährleistet werden kann.« [5]

Jetzt werden wieder Marketingabteilungen Sturm laufen, dass sie doch aber all diese Daten brauchen und ohne nicht arbeiten können und was, wenn niemand mehr zustimmt und und und. Menschen in Werbeagenturen werden jammern, eine ganze Industrie sei jetzt gefährdet und dass sie arbeitslos werden, wenn sie nicht weiter tracken dürfen. Seien wir ehrlich: Wir reden hier von einer Industrie, die es vor 15 Jahren noch nicht gab und die darauf beruht, Menschen bis auf die Unterwäsche (oder im Fall von Zyklusapps oder »smartem« Sexspielzeug auch darunter) auszuspionieren und sie zu manipulieren, wo es nur geht. Wollen wir als Gesellschaft solch eine Industrie überhaupt dulden? Und falls ja, innerhalb welcher strengen Grenzen?

Auch hier gilt: Alles hinterfragen und mit anderen Menschen darüber reden. Nur so werden diese Fragen letztlich auch in die Politik vordringen. Denn politische Entscheidungsträger:innen haben die Onlineweisheit nicht mit Löffeln gefressen. Die sind genauso Menschen wie Du und ich und kennen sich nicht in jedem Bereich gut genug aus, um einschätzen zu können, was technisch machbar ist und was nicht. Oder wie schlimm oder nicht schlimm Tracking ist etc. Das ist auch völlig okay. Nur dürfen wir nicht erwarten, dass eine Regulierung »von oben« kommen wird, wenn »die da oben« sich selber nicht genug auskennen und nur von hochbezahlten Wirtschafts-Lobbyisten informiert werden. Denn welche Informationen sollen sie von denen schon bekommen? Die kritischen gegen die Arbeit- oder Auftraggeber der Lobbyisten wohl kaum.

Natürlich können wir als Gesellschaft ändern, wie der Online-Hase läuft. Indem jede:r selbst kritisch hinterfragt.

---

1. https://futurezone.at/digital-life/grosse-autoversicherer-starten-mit-telematik-tarifen/184.208.179
2. beispielsweise: https://community.fitbit.com/t5/Mobil/Fitbit-mit-Google-Fit-koppeln/td-p/3028933
3. https://www.golem.de/news/wearables-google-uebernimmt-fitbit-1911-144756.html
4. https://video.lqdn.fr/videos/watch/70f2128c-8c06-4cc4-8a5a-bf77e765c8fd
5. https://www.bfdi.bund.de/DE/Infothek/Pressemitteilungen/2019/26_WebtrackingEinwilligung.html

6

FRAGEN, FRAGEN, FRAGEN

O der auch: Hinterfragen, nachfragen, anfragen.

DEN ERSTEN PUNKT hatte ich ja bereits mehrfach erwähnt: Alles hinterfragen, was Dir unterkommt. Muss etwas wirklich so sein? Und warum ist es überhaupt so, wie es ist?

Behalte Deine Fragen auch nicht für Dich. Wende Dich an die Anbieter, die Hersteller und die Communities. Frage ruhig auch bei Dir im Job einmal nach. (Vorsicht, manche Firmen sind nicht sehr glücklich über kritische Nachfragen im eigenen Haus. Ich weiß, wovon ich rede.) Stoße Diskussionen an und trage die Themen in die Gesellschaft. Nur so können sich langfristig Dinge ändern.

Anfrage nach Artikel 15, DSGVO

Last but not least: Wenn Du mittlerweile wissen möchtest, was »Die« eigentlich von Dir wissen, stelle Anfragen bei Herstellern,

Dienstleistern, öffentlichen Stellen, Behörden, Onlineshops und medizinischen Einrichtungen. Und überall sonst. Du hast laut Artikel 15 DSGVO ein gesetzliches Recht auf Auskunft. Die jeweiligen Stellen sind zur Auskunft verpflichtet. Sollte jemand keine Informationen von Dir oder über Dich haben, kannst Du eine Negativauskunft erwarten, also dass sie Dir schreiben, dass sie nichts über Dich wissen. Viele, wie beispielsweise Amazon, geben nur Teilauskunft und rücken vollständige Daten wenn überhaupt nur auf mehrmalige Nachfrage raus. Darüber und was sie durch ihre Amazon-Daten so alles über Amazon und auch über sich selbst erfahren hat, hat Katharina Nocun ein ganzes Buch geschrieben mit dem Titel »Die Daten, die ich rief«.

Sollten bei einem Anbieter falsche oder fehlerhafte Informationen zurückkommen, hast Du auch das Recht auf Berichtigung.

Außerdem hast Du das Recht auf Löschung, das du gerne ausgiebig einfordern darfst. Die jeweiligen Stellen müssen dann alles löschen, was sie nicht aufgrund von anderen Rechtsgrundlagen – etwa vertraglichen oder gesetzlichen Verpflichtungen – aufbewahren müssen.

TRAU Dich ruhig aus der Komfortzone hinaus. Es ist etwas ungewohnt, das eigene Recht in Anspruch zu nehmen. Ein bisschen wie die erste Demonstration, auf der Du mitgehst. Aber es ist Dein demokratisches Recht, dies zu tun. Für Deine Anfragen gibt es auf den Webseiten der Datenschutzbehörden Deines Landes passende Vordrucke. Ich selbst schreibe die Fragen immer in eine eMail oder welche Kontaktmöglichkeit mit das jeweilige Unternehmen zur Verfügung stellt. Natürlich sind immer die Fragen dabei, welche Daten sie konkret haben, wo diese gespeichert sind, woher sie meine Daten haben, wo sie welche dazugekauft haben und an wen die Daten verkauft werden. Diese Unterscheidungen würde ich gern in den Antworten sehen.

Nach dem Erhalt Deiner Anfrage hat das Unternehmen 4 Wochen Zeit, sich bei Dir zu melden. Das muss noch nicht die fertige Auskunft sein. Falls Du Deine Anfrage nicht direkt aus Deinem Kundenkonto heraus gemacht haben solltest, kann es sein, dass die Stelle, bei der Du angefragt hast, erst einmal einen Identitätsnachweis von Dir haben möchte. Das ist okay. Schließlich dürfen die Informationen nicht fälschlich an andere Personen herausgegeben werden.

Wenn Du Deine ersten Anfragen gemacht und Deine ersten Antworten erhalten hast, lass Dich nicht entmutigen. Die Bandbreite der möglichen Antworten reicht von »wir haben nichts« bis zu einem mehrere Tausend Seiten hohen Stapel Papier, wie es bei Max Schrems' Anfrage bei Facebook damals der Fall war. [1]

---

1. https://www.derstandard.at/story/2000023302312/max-schrems-ein-student-forderte-facebook-heraus

7

IN TROCKENEN BÜCHERN

Apropos Max Schrems: Wahrscheinlich ist Dir der Begriff »Privacy Shield« mal untergekommen. Vielleicht auch »Safe Harbor«. Schauen wir uns das vielleicht chronologisch an. Zuerst gab es das Safe-Harbor-Abkommen, das den Datenverkehr zwischen den USA und Europa geregelt hat. Vielleicht erinnerst Du Dich auch an die Geschichte, wie ein junger Student Facebook verklagte – und gewann! Das war Max Schrems. In Folge dieses Gerichtsprozesses wurde das damalige Safe-Harbor-Abkommen gekippt und die USA und Europa mussten etwas Neues verhandeln, auf dessen Basis der Datenverkehr zwischen den Ländern der EU und den USA geregelt werden würde. Das war dann das Privacy-Shield-Abkommen, das im Juli 2016 in Kraft getreten ist, inhaltlich allerdings so ziemlich dasselbe aussagte, wie zuvor Safe Harbor. Aber es war erstmal wieder eine rechtsgültige Grundlage, aufgrund derer Daten zwischen den USA und Europa hin und her geschickt werden konnten.

In der Praxis war das Privacy Shield eine Selbstzertifizierung, die man als Firma innerhalb von 20 Minuten entspannt durchgeblickt hatte und damit versicherte, dass man natürlich sorgsam mit den

Daten von Menschen umgeht und alles ganz super sauber ist. Am Ende der Klickstrecke stand das Abschicken und damit Auslösen einer Rechnung über 250,- Dollar. Nach Eingang des Betrags folgte ein Listenplatz beim US Federal Trade Committee, quasi der Wirtschaftskammer der USA. Und das war für jedes Unternehmen so, von der Einzelunternehmerin bis hin zu Google. Kostete auch für alle dasselbe: 250,- Dollar, also in etwa das, was die Portokasse eines Unternehmens an einem warmen Sommertag für Eis für die Praktikant:innen ausgibt.

Dieser 250-Dollar-Selbstzertifizierungs-Listenplatz war nun also die Rechtsgrundlage, aufgrund derer sich Unternehmen als »Privacy-Shield-zertifiziert« bezeichnen durften. Vielleicht hast Du die großen, von Agenturen und Designabteilungen oft schmuck gestalteten »Siegel« ja mal auf Webseiten oder Softwareprodukten gesehen. Gerade im Vorlauf der DSGVO warben viele Unternehmen damit, »Privacy-Shield-zertifiziert« zu sein und deswegen wären die Daten bei ihnen sicher. Ich will nicht unterstellen, dass es nicht auch Unternehmen gibt, die sorgsam mit den Daten ihrer Kund:innen umgehen, aber als Beweis ein 250-Dollar-Listenplatz bei einer US-Einrichtung mag dem einen oder der anderen vielleicht etwas fadenscheinig erscheinen. Zu Recht. Wirft es doch die Frage auf, was tatsächlich mit den Daten von Menschen bei den Unternehmen passiert und wer dies kontrollieren würde.

Vor dem Hintergrund ist es auch wenig verwunderlich, dass auch das Privacy-Shield-Abkommen im Sommer 2020 wieder gekippt wurde – zum zweiten Mal nach einem Rechtsstreit von Max Schrems. Daher wird der Fall des Privacy Shields auch als »Schrems II« bezeichnet. Max leitet seit einigen Jahren eine ganze NGO, also Nicht-Regierungs-Organisation, deren Ziel es ist, genau solche Gerichtsverfahren zu führen und optimalerweise auch zu gewinnen. Der Verein nennt sich NOYB, None Of Your Business, und jede:r kann dort Mitglied werden und das Unterfangen unterstützen.

· · ·

DASS ES SO LANGE GEDAUERT HAT, BIS das Abkommen gekippt wurde, hat die meisten Menschen, die im Bereich Datenschutz arbeiten, ziemlich gewundert. Mich auch. Aber: Die Mühlen der Justiz mahlen langsam. Dass das Privacy Shield gefallen ist hat nun einige Konsequenzen für uns alle. Weite Teile unserer IT-Infrastruktuk kommen aus den USA: Die Betriebssysteme von einem Großteil unserer Geräte ganz vorne weg, aber noch mehr wie viele der mittlerweile üblichen Cloudlösungen. Microsoft Windows, Office und Cloudspeicher, Google Android, Google Drive und all die anderen Google Services von der Suche, über Maps und Youtube bis Google Translate. Apples MacOS, iOS und iCloud. All die kleinen Helferlein von Dropbox über Doodle bis Slack. Messenger wie WhatsApp und Facebook Messenger. Alles US-Services. Alle davon waren Privacy-Shield-zertifiziert und fast alle haben schon seit Jahren schlechte Noten in Datenschutz und Datensparsamkeit. Die meisten machen nicht einmal einen Hehl daraus, alles auszuwerten und weiterzuverkaufen, was ihnen in die Fänge kommt. Apple ist in der Auflistung oben das eine Unternehmen, dessen Geschäftsmodell nicht in Auswertung und Verkauf von Daten liegt und das sich konsequent pro Datenschutz und Privatsphäre der eigenen Nutzer:innen positioniert. Dennoch gibt es auch bei Apple eine Werbe-ID, die erst einmal ohne Einwilligung der Nutzer:innen eingeschaltet ist und ihren Dienst tut.

Seit Juli 2020 können sich Firmen jetzt nicht mehr darauf berufen, dank ihrer 250-Dollar-Selbstzertifizierung Daten in die USA übertragen zu dürfen. Im Juristendeutsch heißt das »fehlende Rechtsgrundlage für die Datenübertragung in einen Drittstaat«. Und das gilt auch für Europäische Firmen! Und auch für all jene US-Unternehmen, die ihre Niederlassungen in Europa, meist in Irland haben, die dann für uns europäische Nutzer:innen zuständig sind. Wir haben zumeist unsere Nutzungsverträge mit der Irischen Niederlassung, die dann die Daten in die USA zum »Haupthaus«

überträgt, was dann zu besagtem Problem mit der fehlenden Rechtsgrundlage für die Datenübertragung führt.

Wenn Du selbständig bist und irgendwelche der oben genannten Services in Deinem Job nutzt, gibt es für Dich etwas zu tun.

Neben dem Privacy-Shield-Zertifikat gibt es noch sogenannte »Standard-Vertragsklauseln«, also Klauseln in Verträgen, die zum eigentlichen Vertrag noch Bestimmungen zum Datenschutz hinzufügen und die auch weiterhin Gültigkeit haben. Firmen, Vereine, Bildungseinrichtungen und Selbständige etc. sind seit Wegfall des Privacy Shield dazu verpflichtet, diese Standard-Vertragsklauseln bei all den Softwarelösungen aus den USA, die sie so nutzen, zu prüfen und ggf. neu zu verhandeln. Sie täten auch gut daran, das zu tun, denn wie vorhin schon gesagt, die Mühlen der Justiz mahlen langsam und es kann eine Weile dauern, bis ein Nachfolger des Privacy-Shield-Abkommens ausgehandelt ist. Die iapp, die International Association of Privacy Professionals, hat eine Sammlung aller Handreichungen zu dem Thema angelegt mit Links zu den jeweiligen Materialien der einzelnen europäischen Länder.[1] Und auch das Europäische Data Protection Board hat eine ganze Reihe an Informationen gesammelt, darunter auch einiges zum Thema Brexit.[2]

---

1. https://iapp.org/resources/article/dpa-and-government-guidance-on-schrems-ii-2/
2. https://edpb.europa.eu/other-documents_en

TEIL II

DAS KANNST DU TUN

8

_____

DAS OFFLINE

Wir geben nicht nur überall im Internet versehentlich Informationen von uns preis. Auch in der physischen Welt sind wir sehr freigiebig mit Informationen, die dann von Menschen (oder Maschinen) direkt eingesammelt und weiterverarbeitet werden.

Nichts sehen ...

Es gibt für wenig Geld Kameraabdeckungen, die Du über die Kamera an Deinem Laptop, aber auch über die Frontkamera an Deinem Tablet und Telefon kleben kannst. Ich habe schon seit Jahren so etwas an meinen Geräten und die halten dort wunderbar, auch wenn ich mein Telefon meistens in meine Hosentasche stecke. Es gibt solche Abdeckungen auch in bunt und mit lustigen Motiven, falls Dir schlicht schwarz oder schlicht silber zu langweilig ist. Damit hast Du in 2 Minuten verhindert, dass Angreifer, die vielleicht eine Schadsoftware auf Deinem Gerät kontrollieren, alles sehen, was vor der Kamera Deines Gerätes passiert. Auch spionierende Programme oder Apps, die aus welchen Gründen auch immer

Zugriff auf Deine Kamera haben, können so nichts »sehen«. Es muss übrigens nicht immer die Lampe leuchten, wenn auf die Kamera zugegriffen wird. Lampe ein oder aus ist nur eine kurze Zeile Computercode. Wenn Du die Kamera verwenden möchtest, schiebst Du einfach den Schieber zur Seite und hinterher wieder zu.

FÜR DEIN TELEFON, Dein Tablet und Laptop gibt es auch sogenannte »Sichtschutzfolien«, die verhindern, dass Menschen oder Kameras in der Umgebung alles von Deinem Bildschirm lesen und abfilmen/-fotografieren können. Meist lassen diese nur den Blick direkt von vorn auf den Bildschirm zu und wenn jemand von der Seite oder von oben schaut, verschwimmt das Bild oder wird schwarz. Solche Folien kosten nicht viel und sind meines Erachtens eine sinnvolle Anschaffung. Für Mobilgeräte gibt es das auch in Glas und in einen Displayschutz eingebaut, dann hast Du gleich Sichtschutz und Displayschutz in einem.

Nichts hören …

Angreifer oder auch die alles auswertende Werbeindustrie können durch Malware oder Apps auch auf die Mikrofone an Deinen Geräten zugreifen. So etwas wird tatsächlich auch kommerziell eingesetzt, beispielsweise um zu lauschen, welches Fernsehprogramm Du gerade schaust, während Du auf dem Tablet einen Onlineshop durchstöberst.[1] Auch »smarte« Fernseher haben schon Kameras und Mikrofone eingebaut. Ein Pärchen erfuhr dann von anderen Menschen, dass ein Video von ihrem heißen Abend auf einer Porno-Plattform gelandet war.[2] Du kannst versuchen, das Mikrofon abzukleben, so gut es geht. Aber es ist schon schwieriger, als einen Sichtschutz über die Kamera zu kleben. Vor einer Weile wurde ich auf ein »Microphone Blocker« aufmerksam.

Das ist letztlich ein »abgebrochener« Klinkenstecker, der dem Gerät vorgaukelt, dass Kopfhörer mit Mikrofon angeschlossen wären, nur dass an dem Stecker kein Kabel und auch weder Kopfhörer noch Mikrofon dran sind. Die Theorie ist, dass die Software des Geräts auf das externe Mikrofon umschaltet und nicht mehr auf das eingebaute Mikrofon lauscht. Im Zeitalter aussterbender Klinkenstecker ist das leider nicht mehr für jede:n eine Option.[3]

Es gibt übrigens ein Bild aus einem Interview mit Facebook-Chef Marc Zuckerberg, wo im Hintergrund sein Laptop gut zu sehen ist – mit abgeklebter Kamera und abgeklebtem Mikrofon.[4]

Weniger öffentlich sagen.

Es gibt sie immer wieder, die Menschen die im Zug im Ruhebereich laut schwatzen und dabei sehr persönliche Informationen oder sogar Firmengeheimnisse einer breiteren Personengruppe zugänglich machen, als unbedingt sein muss. Ich habe auch schon erlebt, wie Menschen ihre Kreditkartendaten inklusive Name und Verifikationsnummer (diese dreistellige Zahl auf der Rückseite) laut in der Straßenbahn am Telefon durchgegeben haben. Oder die Befunde vom Onkologen lauthals mit einem Freund im Café besprachen. Gelegentlich habe ich auch schon Menschen angesprochen, die gerade sehr intime Details von sich und anderen Menschen preisgaben und sie darauf aufmerksam gemacht. Schließlich weiß man ja nicht, wer alles zuhört, eventuell am Nebentisch gerade eine Podcastfolge aufnimmt und alles auf Band hat und wer diese Informationen dann vielleicht ausnutzt oder an andere weitergibt, die dies dann tun.

Eine nette Gesprächssituation ist natürlich sehr verführerisch, weil man ins Plaudern kommt und darüber vielleicht gar nicht mitbekommt, dass plötzlich viele Menschen oder Maschinen Dinge mithören. Und wer weiß, wie viele von denen gerade mit »smarten«

Assistenten unterwegs sind, die Deine Informationen direkt an einen Werbekonzern weitergeben?

---

1. https://de.wikipedia.org/wiki/Cross-Device_Tracking
2. https://www.stern.de/digital/homeentertainment/smarttv-hack-fernseher-sex-6865894.html
3. https://en.wikipedia.org/wiki/Microphone_blocker
4. https://www.macwelt.de/ratgeber/Mikrofon-Abdeckung-So-schuetzen-Sie-sich-wirklich-vor-Spionage-Angriffen-10007403.html

9
—

WAS JEDE:R IN UNTER 30 MINUTEN TUN KANN

Zwei Backups sind besser als eins!

Backup heißt Datensicherung und sowas möchte jede:r haben. Für den Fall, dass Dein Rechner kaputt oder Dein Smartphone in Rauch aufgeht, sind Backups nötig, um Deine Daten wiederherzustellen. Auch, wenn Du Dir eine Malware auf's Gerät holst, ist es komplett neu aufzusetzen die einzige Lösung ist, die Dir bleibt. In dem Fall wäre in dem Backup hoffentlich alles drin, was Du wiederhaben möchtest. Fotos vielleicht, Verträge, Zugangsdaten, ein Backup des Password-Safes, wenn Du eMail-Verschlüsselung verwendest auch ein Backup der eMail-Schlüssel (öffentlicher und privater Schlüssel und das Widerrufszertifikat). Vielleicht Teile Deiner Musiksammlung? Der Ordner mit den 37 ganz wichtigen Fotos von lieben Menschen um Dich rum, der Scan vom Pass und die Meldebescheinigung ... Du siehst, wohin das geht. Manche sichern auch Teile der eMails lokal, Rechnungen beispielsweise.

Das Minimum an Backup ist, dass Du alle Deine wichtigen Daten auf einen USB-Stick kopierst. Denk dran, diesen USB-Stick mit einem Passwort zu sichern. Du möchtest Deine ganz wichtigen Sachen vielleicht nicht ungesichert in der Wohnung rumliegen haben. Falls eingebrochen wird oder irgendwer sonst in Deiner Wohnung rumschnüffelt, wäre das ein leichtes Fressen. Falls Dein Betriebssystem nicht von Haus aus verschlüsselte Speichermedien unterstützt, kannst Du Dir mit passwortgesicherten .zip-Dateien behelfen. Die sind in jedem Fall besser als nichts und auch der Behelf, falls Du etwas auf Cloudspeicher wie Dropbox oder Google-Drive laden musst, weil beispielsweise andere Leute diese immer noch nutzen. Das Passwort schickst Du den Personen dann am besten auf einem anderen Kanal, beispielsweise über einen sicheren, also Ende-zu-Ende-verschlüsselten Messenger.

Wenn Du jetzt schonmal einen USB-Stick mit Deinen wichtigsten Daten hast, ist das super. Aber der eine Stick kann auch wegkommen, von der Katze runtergeworfen und beim nächsten Staubsaugen eingesaugt werden, was auch immer. Gelegentlich gehen USB-Sticks auch einfach kaputt und sind nicht mehr benutzbar. Deswegen ist ein zweites Backup eine sehr sinnvolle Sache.

Zusätzlich zum USB-Stick solltest Du eine externe Festplatte kaufen, die mindestens anderthalb mal soviel Speicherplatz hat, wie die Festplatte des Geräts, das Du sichern möchtest. Jedes Betriebssystem bietet die Möglichkeit einer automatischen Datensicherung. Dabei wird je nach Einstellung einmal am Tag, einmal pro Woche oder immer, wenn Du die Festplatte ansteckst, ein automatisches Backup von allem gemacht, bzw. von den Ordnern, die Du beim Einrichten angibst. Denk auch hier daran, das Backup zu verschlüsseln, also mit einem Passwort zu sichern.

Den Programme-Ordner brauchst Du nicht angeben. Solltest Du den Rechner wirklich neu aufsetzen müssen, kann das System mit einer Kopie des Programme-Ordners nichts anfangen, da Programme installiert werden müssen, wobei sie Informationen und Abhängigkeiten an ganz unterschiedlichen Stellen in Deinem Betriebssystem vornehmen. Kurz: Die liegen nicht nur im

Programme-Ordner. Programme müssen also immer neu installiert werden, wenn ein Computer neu aufgesetzt wird. Vorteil: Das spart auch Speicherplatz auf der Backup-Platte. Bei Apple und Ubuntu Linux sowie Linux Mint gibt es die Möglichkeit, wirklich das gesamte System zu sichern. Da sind dann auch die Programme mit dabei, weil diese Art des Backups ein Abbild Deiner Festplatte erstellt.

Tipp: Mach noch einen weiteren passwortgesicherten USB-Stick mit den wichtigsten Daten und eine weitere, ebenfalls passwortgesicherte Festplatte mit vollem Backup und leg beides in Dein Bankschließfach, wenn Du eins hast. Oder leg eins davon in eine Schachtel bei Verwandten und das andere kannst Du auch bei Freunden deponieren. Check vorher den Passwortschutz. Schließlich könnte auch bei Deinen Freunden oder der Familie eingebrochen werden.

∽

Updates machen

* zwischen 2 Minuten und … länger

Updates beinhalten so gut wie immer auch Sicherheitsupdates. Das sind Aktualisierungen am Betriebssystem, einem Programm oder einer App, die »Patches« (wörtlich: »Pflaster« oder »Flicken«) für Sicherheitslücken enthalten. Diese sind wichtig und gut und verhindern, dass Du Dir eine Malware einfängst, die durch bereits bekannte Sicherheitslücken in Deine Geräte eindringt.

MACH UPDATES für Dein Betriebssystem aber auch für die Apps, die Du verwendest, immer sobald wie möglich. Wenn Du die Angewohnheit hast, Deinen Laptop monatelang immer nur zuzuklappen und das Betriebssystem nicht neu zu starten, hat sich, wenn Du Windows verwendest, vermutlich mittlerweile eine lange Liste an Updates angesammelt. Starte den Rechner neu und lass ihn die Updates in Ruhe einspielen. Gewöhne Dir an, das mindestens einmal in der Woche zu machen, dann dauert der Prozess nicht so lange.

Bei Deinem Telefon kann es sein, dass Du die Aktualisierungen nicht automatisch zulässt, was durchaus auch seine Berechtigung hat. Schau auch im Appstore des Telefon- und Tabletherstellers regelmäßig, ob es Updates für die Apps gibt und installiere diese.

Wenn Du gerade dabei bist, deinstalliere Apps und Software, die Du nicht mehr verwendest. Auf dem Laptop oder Desktoprechner beispielsweise Adobe Flash. Das war früher ein Haupteinfallstor für Malware und wird, seit es HTML5 gibt, auch von Webseitenentwicklern nur noch selten verwendet.

∽

Keine fremden Geräte oder USB-Sticks anstecken

* 1 Sekunde

Wir haben als Kinder gelernt: Keine Schokolade von Fremden annehmen. Genauso gilt: Keine USB-Sticks oder Geräte von Fremden anstecken. Tatsächlich sind auf dem Parkplatz gefundene USB-Sticks noch immer ein Haupteinfallstor für Schadsoftware in Unternehmen! Irgendjemand ist immer neugierig genug, um den Stick am Firmenrechner anzustecken und damit das Firmennetzwerk zu kompromittieren. Und auch zu Hause solltest Du *niemals* unbekannte Geräte an Deinen Rechner anstecken. Wenn Du einen USB-Stick findest, heb ihn auf und wirf ihn in den nächsten Mülleimer.

~

Cookies löschen

* 2 Minuten

Das Einfachste, was Du binnen 2 Minuten gegen Werbenetz-werke und für Deine Privatsphäre tun kannst ist, die Cookies in Deinem Browser (oder Deinen Browsern, falls Du mehrere verwen-dest) zu löschen. Das geht in den Einstellungen. Bei Firefox beispielsweise unter »Datenschutz und Sicherheit«. Bei allen anderen Browsern gibt es die Möglichkeit ebenfalls.

Auf derselben Seite findest Du auch die Funktion, »Cookies und Website-Daten beim Beenden von Firefox löschen«. Ich möchte Dir dieses Häkchen sehr ans Herz legen.

Wenn Du rechts daneben auf »Daten verwalten« klickst, siehst Du, welche Cookies in diesem Browser hinterlegt sind. Du kannst sie alle auf einmal oder auch einzeln löschen. Letzteres ist eine Möglichkeit, wenn Du bei einem Account gerade noch eingeloggt bleiben, aber beispielsweise die Cookies Deiner Suche nach güns-tigen Zugverbindungen löschen möchtest.

TIPP: Immer die Cookies löschen, bevor Du Zug- oder Flugtickets oder ein Hotelzimmer buchst. Wenn Du vorher immer wieder nach Preisen geschaut hast, sind all diese Aufrufe in den Cookies hinter-legt und die Flüge oder Zugverbindungen werden immer teurer. Lösch die Cookies und schau noch einmal. Ich war schon mehrfach sehr positiv überrascht, doch noch eine günstige Verbindung zu bekommen.

Noch einfacher ist es, den Inkognito-Modus Deines Browsers zu verwenden, der von sich aus keine Cookies und auch keine Surf-Historie auf Deinem Gerät hinterlässt. Im Firefox findest ihn in der

Menüleiste unter Datei -> »Neues privates Fenster«. Wenn Du einen anderen Browser verwendest, heißt es ähnlich.

~

Standardsuchmaschine wechseln

* 5 Minuten

Zu Deiner Suchmaschine bist Du immer ehrlich, schließlich willst Du ja finden, was Du suchst. Entsprechend ist Deine Suchmaschinen – mit weit über 90% Marktanteil ist das Google – sehr gut über Dich und Deine Interessen informiert, falls sie die Suchanfragen zusammen mit beispielsweise Deiner IP-Adresse oder weiteren identifizierenden Merkmalen speichert. Wenn Du Google nutzt und vielleicht auch noch in Dein Google-Konto eingeloggt bist, kann die Liste Deiner Suchverläufe sehr schnell sehr lang werden. Nachdem Google auch Daten aus Deinem Browserverlauf hat, von allen Webseiten mit Google Analytics oder sonst einem Tracker darauf, von allen Webseiten mit Google Fonts, eingekaufte Zahlungsdaten und Deine YouTube-Historie, sind sie sehr gut über Dich informiert. Solange Du nach einem Rezept für Blaubeerpfannkuchen suchst, mag das noch harmlos sein, ihnen diese Information zukommen zu lassen. Was aber, wenn Du nach »Hodenkrebs erkennen« oder »Hämorrhoiden Gegenmittel« suchen möchtest? Schau einmal in Deinem Google Konto nach, welche Informationen sie über Dich gespeichert haben (die sie Dir anzeigen). Unter »Datenschutz & Personalisierung« kannst Du im Bereich »Aktivitäten und Zeitachse« Deinen Verlauf über alle Google Dienste hinweg ansehen. Du kannst Deine Aktivitäten dort auch löschen. Allerdings würde ich nicht davon ausgehen, dass Google Deinen Verlauf auch vergisst. Sie werden Dir nur nicht mehr angezeigt. Ebenfalls im Bereich »Datenschutz & Personalisierung« kannst Du auch alle

Daten, die Google über Dich hat, herunterladen. Zumindest die, die sie Dir verraten wollen.

Was passiert eigentlich, wenn man »googelt«?

Wenn Du bei Google etwas suchst, sucht Google nicht für Dich im Internet nach dem, was Du eingegeben hast. Es macht lediglich eine Datenbankabfrage auf den Google-Servern. Das heißt, Deine Suchanfrage verlässt nie die Google-Server. Das Gleiche gilt auch für andere Suchmaschinen, außer diejenigen, die Deine Anfrage an Google weiterreichen. Googles Suchmaschine ist also eher ein Internet-Index. Solltest Du etwas suchen, das sie nicht kennen, schreiben sie sich den Suchbegriff auf und schicken ihre »Crawler« ins Netz (»Kriecher« – ich stelle mir die immer so spinnenartig vor wie die Dinger in »Matrix«). Also das, was Kriminelle mit ihren Skripten machen – das Internet nach verwertbaren Informationen durchsuchen –, machen auch Suchmaschinen wie Google, um ihren Such-Index zu vergrößern.

Die Ergebnisse, die Dir angezeigt werden, fangen bei Google erst einmal mit bezahlten Anzeigen an. Die obersten Plätze der Suchergebnisse werden Dir nicht angezeigt, weil sie so toll auf Deine Suchanfrage passen, sondern weil jemand Google dafür bezahlt, dass Du diese Anzeigen siehst. Erst weiter unten kommen die tatsächlichen Treffer – eben die aus der Google-Datenbank. Diese sind selten »objektiv«, was Google allerdings bisher standhaft bestreitet. In einer weitgehenden Recherche kommt das Wall Street Journal allerdings zum Schluss, dass es sehr wohl Eingriffe seitens Google sowohl in die Suchergebnisse als auch in die Suchvorschläge, also diese automatisch vervollständigten Sätze beim Eingabefeld der Suche gibt. Die Ergebnisse, die Du bei Google siehst, sind also in nahezu allen Fällen manipuliert. [1]

Google hat mittlerweile soviel Geld verdient, dass sie wortwörtlich Milliarden dafür ausgegeben haben, zu erforschen, wie

Menschen suchen, wie sie denken, was sie fühlen wenn sie suchen etc. Darauf ist bei Google alles hingetrimmt. Sie geben Abermilliarden dafür aus, dass ihre Produkte einfach zu bedienen sind und schlicht aussehen, also Dich nicht ablenken. Da ist ganz viel System dahinter.

GOOGLE WAR ÜBRIGENS NICHT die erste Suchmachine im Netz. Vorher gab es bereits Metager, Lycos, Yahoo und eine ganze Reihe anderer. Aber Google setzte sich durch. Sie waren die ersten, die auf die Idee kamen, Nutzer:innenverhalten zu analysieren und zu verkaufen und bekamen daher zur Zeit der Dotcom-Blase trotzdem viel Geld von Investoren. (Zuboff)

Es gibt aber auch heute eine ganze Reihe an alternativen Suchmaschinen zu Google, darunter ein ganzes Teil, die auf den Google-Index zugreifen und so ebenfalls Deine Suchanfrage an Google preisgeben.

EINE ALTERNATIVE IST DUCKDUCKGO. Die Suchergebnisse sind hier eine Mischung aus vielen Quellen. Die Infokästen kommen beispielsweise von Wikipedia. DuckDuckGo hat aber zusätzlich auch einen eigenen Suchindex und einen Crawler namens DuckDuckBot.[23] Der Suchindex (deren Datenbank) ist allerdings jünger als der von Google und hat noch nicht alles gesehen, was das Internet seit 1999 so bewegt hat. Es kann also sein, dass Du bei DuckDuckGo etwas noch nicht findest, was bei Google ganz oben auftaucht – letzteres vermutlich, weil Firmen dafür bezahlen. Mach den Test: Versuch dieselbe Suchanfrage ein paar Wochen später noch einmal. In den allermeisten Fällen wird dann auch auf DuckDuckGo etwas dazu gefunden werden. Durch Deine Suchanfragen wird die Suchmaschine also auch immer »schlauer«, bzw. ihr Suchindex immer besser gefüllt.

．．．

DU KANNST AUCH auf Deinem Smartphone DuckDuckGo als Standardsuchmaschine einrichten. Dauert ebenfalls etwa 5 Minuten. Vielleicht ein ToDo für die nächste langweilige Zugfahrt.

WIE GESAGT, es gibt eine Reihe weiterer Suchmaschinen. Startpage und Ecosia greifen auf den Google-Index zu, sind also nur Mittelspersonen – oder Mittelsprogramme (»Machine in the Middle«) – zwischen Dir und Google und Du nutzt trotzdem noch Google. Ein Wermutstropfen kam unlängst zu Startpage dazu: Es gehört mittlerweile zu 100 % einem US-Unternehmen, das auf Analysen spezialisiert ist.[4] Zwar schreiben sie, dass sie nicht alles analysieren, aber ein Beigeschmack bleibt doch. Und Bing gehört Microsoft.

∿

Browser, Sicherheitseinstellungen und Add-ons

Der »Inkognito-Modus« (auch öfter flapsig »Porno-Modus« genannt), den alle Browser mittlerweile haben, bedeutet nur, dass auf dem Gerät selber kein Eintrag in die Surf-Historie gemacht wird. Solltest Du auf dem Familienrechner Geschenke für Deine Lieben im Netz suchen wollen, wäre der Inkogito-Modus dafür eine gute Option. Allerdings hilft er nur sehr begrenzt gegen Tracking oder Malware im Netz. Die Cookies werden beim Schließen des Browser-Tabs gelöscht, aber andere Erkennungsmöglichkeiten bestehen natürlich trotzdem, insbesondere, wenn Du Dich irgendwo eingeloggt hast, um beispielsweise Geschenke zu kaufen.

．．．

MEIN VORSCHLAG IST, Firefox als Browser zu verwenden. Das ist der letzte freie Browser, der noch ohne Google-Kern läuft. Den gibt es auch für alle Betriebssysteme.

FÜR DEINE MOBILGERÄTE gibt es »Firefox Klar«. Der vergisst jedes Mal beim Beenden oder wenn Du auf den kleinen Mülleimer klickst, die Surf-Historie und wirft alle Cookies weg. Solltest Du Deine Darmprobleme oder die Krebserkrankung Deines Freundes recherchieren wollen, wäre es eine gute Möglichkeit, dies über Firefox Klar zu tun.

Browser wechseln

* 10 Minuten

Wenn Du auf beispielsweise Firefox wechseln möchtest, wirst Du beim Installieren gefragt, ob Firefox Informationen aus einem anderen Browser importieren soll. Hier kannst Du zum Beispiels Deine Lesezeichen automatisch übernehmen lassen. Die Cookies sollten am besten nicht übernommen werden, die wollen wir ja gerade loswerden. Du kannst auch die Lesezeichen manuell importieren, falls Du Firefox bereits installiert hast, aber beim Installieren nichts importiert hast. Das geht, indem Du in Deinem vorherigen Standardbrowser die Lesezeichen (»Bookmarks«) als HTML exportierst und im Firefox unter dem Menüpunkt »Lesezeichen – Lesezeichen verwalten« diese HTML-Datei importierst.

Wenn Firefox installiert ist, wird eine Abfrage kommen, ob das ab sofort Dein Standardbrowser sein soll. Ich empfehle, dies zu bestätigen.

Sicherheitseinstellungen im Browser

* 10 Minuten

Solltest Du einen anderen Browser verwenden, schau, wo Du in den Einstellungen die Sicherheitseinstellungen findest. Das Beispiel hier orientiert sich am Firefox-Browser.

UNTER »EINSTELLUNGEN« -> »Datenschutz & Sicherheit« kannst Du den Browser-Datenschutz auf »streng« stellen. Sollte eine Seite, die Du häufig brauchst, tatsächlich nicht ordentlich funktionieren, kannst Du dies zu dem Zeitpunkt noch immer über die benutzerdefinierten Einstellungen anpassen.

»Zugangsdaten und Passwörter« sollten grundsätzlich nicht im Browser gespeichert werden, sondern in einem eigenen Password-Safe. Mehr dazu etwas später im Buch.

Ob Du eine »Chronik« (also »Surf-Historie«) anlegen möchtest oder nicht, bleibt Dir überlassen. Chronik oder Surf-Historie bedeutet, dass Du lokal auf Deinem Gerät einen Verlauf hast über alle besuchten Seiten. Wenn Du keinen eigenen Benutzer:innen-Account auf dem Rechner hast (Stichwort: »Familienrechner«), kann es sinnvoll sein, hier keine Chronik anlegen zu lassen. Was Du nicht hast, musst Du nicht löschen. Grundsätzlich würde ich aber immer empfehlen, dass jede:r Benutzer:in des Geräts einen eigene Benutzer:innen-Account bekommt.

Unter dem Punkt »Berechtigungen« findest Du eine Auflistung, welche Seiten Zugriff auf GPS-Daten, Kamera, Mikrofon etc. haben. Hier lohnt es sich, ab und an mal durchzuklicken und ungewollte Berechtigungen zu entfernen.

»Pop-ups blockieren« und »Warnen, wenn Webseiten versuchen, Add-ons zu installieren« sind meines Erachtens durchaus sinnvolle Häkchen.

. . .

DATENERHEBUNG DURCH FIREFOX und deren Verwendung bedeutet, dass Telemetriedaten an Mozilla gesendet werden. Das kannst Du ausschalten.

»Sicherheit: Schutz vor betrügerischen Inhalten und gefährlicher Software« sind meines Erachtens wieder sehr sinnvoll gesetzte Häkchen.

Und bei »Zertifikate: Wenn eine Website nach dem persönlichen Sicherheitszertifikat verlangt« nachfragen ist durchaus sinnvoll.

Browser-Add-ons

* Installation jeweils ca. 3 Minuten

* Einrichtung einzelner Add-ons ca. 5-10 Minuten

Gegen den ganzen Bereich Tracking und Werbeauswertung ist viel getan, wenn Du mit wenigen Klicks sogenannte »Add-ons« in Deinem Browser installierst, die das Tracking nach Möglichkeit verhindern oder zumindest erschweren.

Browser-Add-ons sind kleine Zusatzprogramme (to add = etwas hinzufügen), die erweitern, was Dein Browser kann. Zum Beispiel Tracker oder die Anzeige von Werbung blockieren. Du kannst sie über die Einstellungen Deines Browsers zu diesem dazu installieren.

DEIN BROWSER IST neben Deinem eMail-Konto (und Office-Makros) die Hauptangriffsfläche für Angreifer.innen und deren Skripte (also Programme = Software) im Netz. Add-ons für Deinen Browser solltest Du ausschließlich über die in Deinem Browser eingebaute Erweiterungsverwaltung installieren. Im Firefox beispielsweise findest Du die über das »Burger-Menü«, also die drei Querstriche oben rechts: Add-ons. Im Suchfeld kannst Du nach Add-ons suchen. Auch in allen anderen Browsern gibt es diese eingebaute Add-on- oder »Plugin-Verwaltung«.

HTTPS Everywhere

Zur Erinnerung: Das »S« in HTTPS steht für »secure« und bedeutet, dass zwischen Deinem Browser und dem Server der Webseite eine verschlüsselte Verbindung hergestellt wird. »HTTPS Everywhere« erzwingt, wo immer möglich, eine gesicherte Verbindung zum Server. Manche Server können nämlich eigentlich HTTPS, sind aber vielleicht falsch konfiguriert oder irgendetwas stört, dass der Server von sich aus nur HTTP anbietet. Die Fälle werden mittlerweile weniger, aber ab und an kommt es noch vor und dann schafft dieses Add-on Abhilfe. Hier brauchst Du auch keine weiteren Einstellungen vornehmen, das Installieren reicht.

uBlock Origin

Mein Vorschlag für einen Werbeblocker (»Ad-Blocker«) ist »uBlock Origin«. Dieser Werbeblocker greift auf mehrere Filterlisten zu, die immer wieder aktualisiert werden und die sich auch noch erweitern lassen. Dieser Adblocker erkennt auch bereits als »First-Party-Cookie« getarnte Tracker und ist daher sehr empfehlenswert. Sollte eine Webseite Probleme machen und nicht oder nur teilweise laden, kannst Du mit einem Klick auf das uBlock-Origin-Symbol oben rechts neben der Adresszeile und dann auf den An/Aus-Knopf, den Werbeblocker für diese eine Seite deaktivieren. (Hinterher Cookies löschen, falls Du noch weitersurfen willst.) Bei uBlock Origin musst Du keine weiteren Einstellungen vornehmen, die Installation reicht aus, um einen guten Trackingschutz zu gewähren.

HINWEIS: Ein Werbeblocker blockiert einen Großteil der Tracker. Vor allem aber blendet er die in Webseiten eingebundene Werbung aus, womit das Laden von Seiten deutlich beschleunigt werden kann (je nachdem, wieviel Werbung die Seitenbetreiber auf ihrer Webseite eingebunden haben und woher diese geladen werden). Ein Werbeblocker verhindert auch, dass über Werbebanner Schadsoftware an Deinen Browser ausgeliefert werden kann.

EFF Privacy Badger

Mein zweiter Vorschlag für einen Werbeblocker ist der »EFF Privacy Badger«. Dieser ist ein Projekt der »Electronic Frontier Foundation« (EFF). Er funktioniert ein bisschen anders als uBlock Origin. Und zwar lernt der Privacy Badger mit jeder Seite, die Du ansurfst, dazu. Nach der Installation werden in einer kleinen Tour die Funktionen gut erklärt. Im Privacy Badger kannst Du per Schieberegler festlegen, was ein Tracker darf und was nicht. Grün = darf durch, gelb = darf keine Cookies hinterlegen, rot = darf nichts. Auch hier gilt, dass manche Seiten nicht oder nur teilweise laden, wenn die Tracker ihre Skripte nicht ausführen können. (Ja, auch die Werbetracker können Skripte, also Programme mitbringen.) Dann ist es ggf. notwendig, die Berechtigungen schrittweise zu lockern. Beim Privacy Badger brauchst Du nach dem Installieren noch ein paar Minuten für die Tour, die er Dir anbietet, um die Einstellungsmöglichkeiten kennenzulernen. Es lohnt sich sehr, wenn Du Dich damit auseinandersetzt.

Lass Dich nicht täuschen

Falls Du mehrere Blocker installierst, kann es sein, dass einer davon »keine Tracker« anzeigt, während der andere mehrere gefunden hat. Üblicherweise heißt das nur, dass der eine schon alle geblockt hat und der andere sie deswegen nicht mehr sieht. Einige werden auch erst geladen, wenn andere bereits laufen. Es ist daher trügerisch, wenn eine Seite nicht laden will und Dein Ad-Blocker nur einen Tracker anzeigt. Das verleitet, den einen dann doch freizugeben oder den Ad-Blocker zu deaktivieren und Sekunden später sind zehn oder noch deutlich mehr Spionageprogramme freigeschaltet, die Dein Surfverhalten analysieren.

WENN DU ZUVOR OHNE Werbeblocker im Netz unterwegs warst, wirst Du feststellen, dass Seiten nachher schneller laden und viel weniger blinken. Ich bin schon seit Jahren mit Werbeblocker im Netz unterwegs und jedes Mal völlig überrumpelt, wieviel ablenkendes Zeug auf Webseiten eingeblendet wird, wenn ich ihn mal ausschalten musste, weil eine Seite so gar nicht laden wollte.

Ghostery

Einige nutzen auch Ghostery als Werbeblocker. Ich selbst verwende dieses Add-on nicht mehr, seit bekannt wurde, dass sie mit Werbeanbietern zusammenarbeiten und deren Inhalte durchlassen und anzeigen (Stichwort »Whitelisting«). [5]

Facebook Container

Es gibt Menschen, die aus beruflichen oder privaten Gründen oder wegen des teuer gekauften Kurses, dessen einzige Austauschplattform eine Facebook-Gruppe ist, Facebook benutzen (müssen). Um dem Trackingwahn von Facebook etwas entgegenzusetzen, hat Mozilla ein Firefox-Add-on entwickelt, das die Facebook-Cookies und -Tracker in einem eigenen Container isoliert und alle beim Beenden des Browsers automatisch löscht. Das soll verhindern, dass Facebook Dich durch das ganze Netz verfolgen kann. Auf Facebook-Seiten und Services selber – also Facebook, WhatsApp, Instagram, Oculus – ändert der Container natürlich nichts. Also alle Informationen, wie Du direkt mit Facebook interagierst, was Du hochlädst, postest, kommentierst, likest, teilst etc., finden direkt innerhalb von Facebook statt und werden entsprechend ausgewertet.

Es gibt noch eine erweiterte Version dieses Add-ons namens »Multi-Account Container«, in denen Du bestimmte Bereiche in unterschiedliche Container legen kannst. So werden auch hier die einzelnen Benutzer:innen-Konten von Deinen anderen Aktivitäten im Internet getrennt. Schau es Dir gerne einmal an und verwende etwas Zeit darauf, die Einstellungen kennenzulernen.

～

Werbung und Werbeblocker auf dem Mobilgerät

Auch auf Mobilgeräten gibt es die Möglichkeit, Werbung und Tracking zu blockieren.

Ad-ID zurücksetzen

Unter iOS gibt es die Möglichkeit, die »Ad-ID« (»Werbe-Identifikationsnummer«) mit den über Dich gesammelten Informationen zurückzusetzen, also zu löschen. Das kannst Du ruhig gelegentlich tun. Beispielsweise immer, wenn Du Updates einspielen lässt.

Dazu gehst Du in die Einstellungen -> Datenschutz -> Werbung und drücke dann auf »Ad-ID zurücksetzen«.

Den Schieberegler bei »Ad-Tracking beschränken« kannst Du auf »an« stellen.

DIE EINSTELLUNGEN zum Zurücksetzen der Werbe-ID sind auch bei Android in den Einstellungen. Da die Android-Versionen sich nach Hersteller teils stark unterscheiden, tu ich mir schwer, hier eine genaue Schritt-für-Schritt Anleitung zu geben.

Analyse & Verbesserungen ausschalten

Wenn Du bei den Datenschutzeinstellungen -> Werbung bist, kannst Du auch alle Schieberegler bei »Analyse & Verbesserungen« auf »aus« stellen. Dasselbe kannst Du auch in allen Apps tun, wo möglich.

AUCH UNTER ANDROID ist es möglich, einige Services auszuschalten. Diese sind allerdings unter Android über viele verschiedene Stellen verteilt, unter anderem im persönlichen Profil, aber auch in den Telefoneinstellungen, zB bei »GPS-Daten«. Klick Dich am besten in Ruhe durch alle Einstellungen durch und hinterfrage jede Berechtigung.

Browser und »Inhaltsblocker«

Auch auf Deinem Mobilgerät kannst Du andere Browser installieren als den, der mit dem Gerät ausgeliefert wurde. Es gibt beispielsweise auch Firefox für Android und iOS.

Firefox & Firefox Klar

Eine recht simple Methode, Werbung und Tracking auf dem Mobilgerät zu blockieren ist, auf Deinem Telefon oder Tablet »Firefox Klar« zu verwenden. Das ist in erster Linie ein Browser, der sofort nach dem Schließen alle Cookies und die Surf-Historie vergisst. Firefox Klar gibt es sowohl für iOS als auch für Android. [6]
Unter Android kannst Du ihn auch als Standardbrowser einstellen. Firefox Klar ist noch einmal etwas Anderes als der Firefox Browser, den gibt es auf den mobilen Betriebssystemen nämlich auch.

· · ·

UNTER IOS IST es mittlerweile ebenfalls möglich, einen anderen Browser als Standardbrowser einzustellen als den hauseigenen Safari, beispielsweise auch den Firefox Browser. Firefox Klar ist bei iOS zwar nicht als Standardbrowser einstellbar, allerdings kann man die Funktionen des Firefox Klar als Werbeblocker für Safari hinzuzufügen. Dies musst Du einmal in den Safari-Einstellungen - > Inhaltsblocker anhaken, danach ist der in Firefox Klar eingebaute Werbeblocker auch für Safari aktiv. Ich würde dennoch vorschlagen, auch auf iOS den Firefox Browser zu verwenden.

Unter Android ist es möglich, auch dort die Plugins ebenso wie bei der Desktop-Version zu installieren. Hier kannst Du also uBlock Origin und so weiter genauso als Add-on hinzufügen. Unter iOS geht das leider nicht.

Blokada (Android)

Unter Andoid gibt es »Blokada« als Trackingblocker. Er ist gratis und OpenSource. Er filtert Tracking und Werbung über alle Apps hinweg, nicht nur im Browser. Da dies gegen das Geschäftsmodell von Google verstößt, ist Blokada nicht im Google PlayStore gelistet. Man bekommt es aber über den Fdroid-Store.

F-Droid (Android)

F-Droid ist kein Blocker, sondern ein alternativer Appstore für Android, über den Du viele gute, praktische und OpenSource Apps bekommst. Du kannst F-Droid über den Google PlayStore herunterladen und innerhalb der App dann nach z.B. Blokada suchen. F-Droid liefert auch die App-Updates aus. Es gibt mehrere Verzeichnislisten, sogenannte »Repositories« (kurz »Repos«), die man zu F-Droid hinzufügen kann. Am Anfang bist Du mit dem Standard-Repo, das in F-Droid vorinstalliert ist, aber gut bedient. Mehr Infos findest Du unter:

-> https://f-droid.org/

Better Blocker (iOS)

Den »Better Blocker« gibt es für Safari auf iOS, iPadOS und MacOS. Die aktuelle Trackerliste kannst Du auch auf der Better-Blocker-Webseite einsehen. Du kannst manuell Ausnahmen hinzufügen, wenn Du bestimmte Inhalte trotzdem ansehen möchtest. So musst Du nicht den ganzen Werbeblocker deaktivieren. Der Better Blocker ist mit € 2,29 (Stand Januar 2021) recht günstig.

-> https://better.fyi/

1Blocker (iOS)

Auch »1Blocker« ist ein guter Trackingblocker unter iOS, der viele Einstellungsmöglichkeiten bietet. 1Blocker unterscheidet zwischen Ads, Trackers, Annoyances (Nervtötendes) wie Cookie-Banner und ähnlichem, Social-Media-Widgets wie Share-Buttons und so weiter und noch mehr. Die Basisversion ist gratis, für die Pro-Version gibt es verschiedene Zahlungsmodelle: monatlich, jährlich oder »Lifetime«, also eine einmalige Zahlung.

-> https://1blocker.com/

~

Passwörter und Password-Safes

Was macht ein gutes Passwort aus?

Es kommt auf die Länge an – hier wirklich. Am besten mehr als 14 Zeichen. Ich benutze immer das längste, was der Passwortgenerator in meinem Password-Safe hergibt, bzw. was die Website noch annimmt. Mittlerweile kann man bei einem Großteil der Dienste schon Passwörter mit 50 Zeichen eingeben. Über 30 Zeichen Länge nehmen wirklich fast alle. Und nur ein paar Services, bei denen entweder die IT-Abteilung oder das Management in der Steinzeit hängen geblieben ist, nehmen weniger als 20 Zeichen an.

HALT! Was genau war nochmal ein Password-Safe? Ein Password-Safe (oder auch Passwort-Manager) ist ein Programm, das Du auf Deinem Rechner, aber auch auf Deinem Smartphone oder Tablet installieren kannst. Dieses Programm erstellt einen verschlüsselten »Safe« (oder auch »Vault«), also einen Tresor, in dem es Deine Passwörter ablegt. Um diesen Safe zu öffnen braucht man ein »Masterpasswort« – das eine Passwort, das man sich dann merken muss, neben dem für den Benutzer:innen-Account auf dem Gerät.

Mit einem Password-Safe musst Du Dir also nur noch zwei bis drei Passwörter merken, den Rest tut das Programm für Dich. Viele der Password-Manager haben auch dazugehörige Browser-Add-ons, die die im Passwort-Safe eingetragenen Passwörter auf Mausklick automatisch in die Login-Maske eingeben. Das hat den zusätzlichen Vorteil, dass falls Du auf eine gefälschte Webseite gelockt wirst, der Passwort-Manager die URL nicht erkennt und Dir kein Passwort zum Eintragen anbietet. In solch einem Fall solltest Du also immer vorsichtig werden und genau kontrollieren, ob Du Dich auf einer Fake-Webseite befindest oder ob der Anbieter der Webseite nur die Adresse seiner Loginseite geändert hat oder Du vllt versehentlich auf einer anderen Sprachversion gelandet bist.

Passwortsperre einrichten

* 5 Minuten

FALLS DU ES noch nicht hast, richte auf Deinem Smartphone, Deinem Tablet und Deinem Computer die Passwortsperre ein. Auf dem Computer sollte jeder Benutzer:innen-Account ein eigenes Passwort haben.

Denke bei Deinem Rechner auch daran, ihn immer zu sperren, wenn Du den Platz verlässt. Wenn Du beispielsweise im Café sitzt und am Laptop arbeitest und dann mal kurz den Platz verlässt, sperre immer den Computer. Jemand anderer könnte sich jederzeit an Deinen Rechner setzen und Dinge tun, die Du nicht willst und die Dir oder auch anderen vielleicht schaden. Gewöhne Dir das Sperren und Passwort-Eingeben beim Wiederkommen am besten an. Ja, das dauert ein paar Sekunden, bringt aber sehr viel für Deine Sicherheit.

Password-Safe installieren und in Betrieb nehmen

* 20 Minuten

WENN MAN FÜR JEDE WEBSITE, jeden Onlineshop und jeden Dienst ein eigenes Passwort verwendet, können das binnen kürzester Zeit sehr viele werden. Damit man sich das alles nicht merken muss, gibt es sogenannte Password-Safes. Richte einen Password-Safe ein, der wird Dir die meiste Arbeit mit Passwörtern abnehmen.

Auch mit Password-Safes gilt: Länge. Für Dein Masterpasswort könntest Du Liedzeilen aus Deinen Lieblingsliedern verwenden. Am besten mischt Du hier mehrere Sprachen, weil Zeilen aus bekannten Liedern oder Gedichten natürlich leicht erraten werden können, wenn der:die Angreifer:in Dich kennt. Überlege Dir etwas, das Du Dir gut merken kannst und auch magst. Denn dieses Passwort wirst Du voraussichtlich häufiger eingeben müssen.

· · ·

EIN BEISPIEL für einen freien und OpenSource Password-Safe ist KeePassXC. Den gibt es für Windows, Linux und Mac. Auf diesen Systemen legt er eine lokale Passwort-Datei an. Für Mobilgeräte gibt es Password-Safes, die mit KeepassXC kompatibel sind.[7] Aktuell werden auf der KeepassXC-Webseite für Android KeePass2Android und für iOS Strongbox empfohlen.

WENN DU AUCH EINEN Password-Safe mit Deinem Mobilgerät synchronisieren möchtest, wäre Enpass eine Option. Dieser ist kostenpflichtig und wird von einem Unternehmen mit Kontaktadresse in Indien hergestellt. Ich erwähne es trotzdem, weil Enpass auch über Deine eigene NextCloud synchronisieren kann und für iOS, Android, Windows, Linux und Mac vorliegt.

TIPP: Wenn Du Passwörter auf Dein Mobilgerät synchronisierst, mach für die paar Passwörter, die Du wirklich unterwegs brauchst, einen eigenen Tresor, damit nicht alle Passwörter auf dem Gerät sind, falls das Telefon oder Tablet abhanden kommt. Denn das Grundwesen von Mobilgeräten ist, dass sie mobil und damit anfällig für Gestohlenwerden, Verlorengehen etc. sind. Natürlich sollte alles gesichert sein, aber austauschen würde ich die Passwörter, die auf dem Gerät waren, in solch einem Fall dennoch. Sicher ist sicher.

EINIGE VERWENDEN NOCH 1PASSWORD; das gibt's für Windows, Mac und iOS. Leider haben die Hersteller vor einer Weile zwei grobe Änderungen gemacht, die das Programm dadurch meines Erachtens deutlich schwächen. Das eine ist, dass sie für Neukunden nicht mehr erlauben, auf dem Telefon einen neuen Tresor anzulegen. Sie wollen damit verhindern, dass jemand die

App gratis verwenden kann. Das andere ist, dass sie einen Cloud-Sync vorschreiben. Im konkreten Fall bedeutet das, dass alle Deine Passwörter zwangsläufig bei 1Password auf dem Server liegen. Zuvor war es noch möglich, Geräte ohne Cloud-Synchronisation beispielsweise daheim im vertrauenswürdigen WLAN zu synchronisieren. Im Kaffeehaus würde ich das nämlich keinesfalls empfehlen! In einem öffentlichen WLAN in einem Kaffeehaus wäre es für Angreifer:innen möglich, den Sync Deiner Passwörter mitzulesen. Je nachdem, wie gut Dein Password-Safe ist, sollten sie die eigentlichen Passwörter natürlich nicht lesen können, aber vielleicht kriegen sie mit, dass es Passwörter für beispielsweise Amazon, Tchibo, Pornhub und eBay sind und wissen so, wo sie Konten von Dir finden können. CloudSync sollte für das Syncen von Passwörtern grundsätzlich nicht verwendet werden, außer Du benutzt dafür Deine eigene NextCloud.

Passwörter austauschen

* 2 Minuten (pro Dienst)

TAUSCHE BEIM NÄCHSTEN MAL, wenn Du Dich in einen Dienst einloggst, das Passwort gegen ein vom Password-Safe generiertes, möglichst langes Passwort aus. Speichere es in Deinem Password-Safe.

ABER DANN SIND ja alle Passwörter auf dem Rechner gespeichert!

Ja, sind sie; in einem abgeschlossenen Tresor. Falls der Computer oder das Smartphone oder Tablet gestohlen werden, sind zwischen dem Angreifer und Deinen Passwörtern aber hoffentlich mehr als dieses eine Passwort. Im Optimalfall ist die Festplatte des

Geräts verschlüsselt, das wäre die erste Passwortabfrage, wenn das Gerät hochfährt. (Dazu mehr bei den fortgeschrittenen Maßnahmen.) Dann Dein Benutzer:innen-Passwort für Deinen Account auf dem Betriebssystem und noch das Passwort für den Password-Safe. Das sollten natürlich drei verschiedene Passwörter sein.

HINWEIS ZU FINGERABDRÜCKEN, *Iris- oder Gesichts-Scan:* Die Verwendung von biometrischen Daten ist ein guter Benutzer:innen-Name, aber ein schlechtes Passwort. Aus dem einfachen Grund, dass Deine Fingerabdrücke immer gleich und einzigartig sind. Dasselbe gilt für Deine Iris, Dein Gesicht und auch Deine Venen. Wie einfach biometrische Merkmale technisch zu fälschen sind, wurde von Starbug vom CCC e.V. mehrfach gezeigt. [8]

TROTZDEM KANN ES SINNVOLL SEIN, sein Mobilgerät, mit dem man oft genug unter laufender Videoüberwachung z.b. in öffentlichen Verkehrsmitteln steht, per Fingerabdruck zu entsperren. Hersteller wie z.b. Apple haben eine Voreinstellung, dass man das Entsperren mit biometrischen Merkmalen (Fingerabdruck oder Gesichts-Scan) durch mehrmaliges schnelles Drücken des Einschaltknopfes deaktivieren kann. Das ist praktisch, wenn Du an einer Flughafen- oder Grenzkontrolle ankommst und vermeiden möchtest, dass Beamte dort ggf. sogar gegen Deinen Willen Deinen Finger auf das Gerät drücken oder es Dir vor's Gesicht halten und so Zugang zu Deinem Gerät bekommen. Es ist auch praktisch, wenn Du z.B. in der Diskothek unterwegs bist, falls das Gerät gestohlen wird. So können Angreifer:innen, die Dir das Gerät mit Gewalt wegnehmen, vielleicht zwar ebenso Deinen Finger darauf drücken oder es Dir vorhalten, aber es wird dann nichts mehr passieren. So können sie nach dem »Überfall« die Sperre nicht nach ihrem Willen herausnehmen oder umprogrammieren.

~

2-Faktor-Authentifizierung

* 25 Minuten für das Setup, danach 5 Minuten pro Account
Wenn Du Dich irgendwo einloggst, benötigst Du dazu Deinen Benutzer:innen-Namen (ggf. ist das Deine eMail-Adresse) und einen zusätzlichen Faktor, Dein Passwort – das möglichst lang und in Deinem Password-Safe gespeichert ist. Dieses Standardverhalten ist überall dasselbe.

Viele Webseiten, Social-Media-Plattformen, eMail-Anbieter etc. bieten mittlerweile »2-Faktor-Authentifizierung« an. Das heißt, dass neben dem Nutzernamen zu Deinem Passwort noch ein zweiter Faktor vorliegen muss, damit das Login durchgeführt wird. Kurz wird es »2FA« genannt.

Dazu haben sich bisher drei Methoden etabliert.

1. SMS

Die Plattform schickt bei einem Loginversuch eine SMS mit einem zusätzlichen Code an eine hinterlegte Mobilnummer. Gehen wir davon aus, dass es Dein Account und Deine Mobilnummer ist, so gibst Du die Nummer beim Login ein und bekommst Zugriff auf Dein Konto. Natürlich musst Du dafür der Plattform eine valide Mobilnummer verraten; Du bist also gezwungen, für mehr Sicherheit beim Login weitere personenbezogene Daten von Dir preiszugeben, auch wenn diese für die Erbringung des eigentlichen Service nicht notwendig wären. Dafür hat die Plattform ihren Datenkuchen um Deine Mobilnummer erweitert und hat damit einen weiteren Faktor, um aus den Matchtables weitere Informationen über Dich anzureichern oder sie für Werbung zu verwenden. [9]

2. TOTP

»TOTP« steht für »Time-based One-time Password« und wird auch »Google Authenticator« oder »Einmalpasswort« genannt. Es hat mit Google nur insofern zu tun, als dass es von Google mal erfunden wurde. Google Authenticator ist auch nicht mehr die einzige Lösung. Mittlerweile steckt dieselbe Technologie auch googlefrei z.b. im Enpass Password-Safe, aber auch in anderen Password-Safes und eigenständige Apps wie andOTP oder FreeOTP für Android sind in der Lage, »Einmalpasswörter« nach der Methode zu generieren.

TOTP ist mittlerweile sehr weit verbreitet und wenn Du einen Password-Safe verwendest, bist Du bereits gut dafür ausgerüstet. Manche Password-Safes bieten auch ein Browser Add-On, das dann die Zugangsdaten direkt aus dem Safe in die Eingabefelder kopiert. Das ist sehr komfortabel. Wenn Du so ein Browser Add-on nutzt und bei einem Service oder einer Webseite 2-Faktor-Authentifizie-rung aktiviert hast, kopiert das Add-on nach den Zugangsdaten »Benutzer:innen-Name« und »Passwort« automatisch das TOTP Passwort (eine Zahlenkombination) in die Zwischenablage und Du kannst beim nächsten Eingabefeld direkt wieder einfügen klicken (Rechtsklick: »einfügen« oder wenn Du gern mit Tastenkombina-tionen arbeitest: »Strg« und »v«).

3. Hardwaretokens

Hardwaretoken bedeutet, dass Du einen physisch greifbaren Schlüssel, also ein greifbares Ding hast. Hardware ist der physische Teile Deines Gerätes. Es gibt USB-Sticks (also Dinge), die extra für 2-Faktor-Authentifizierung gebaut wurden. Yubikey aus Schweden ist eine bekannte Produktreihe in diesem Sektor. Es gibt aber auch freie Open-Source-Projekte wie z.B. Nitrokey. Hier sind die Anbieter in Berlin. Die Einrichtung funktioniert auf einem modernen Betriebssystem meist automatisch – plug & play. Zum Login muss der Stick am Rechner stecken. Wenn auf den Stick zugegriffen wird, blinkt daran eine kleine LED und mit einem Druck auf die blinkende Schaltfläche gibt man das Login frei.

SOLCHE HARDWARETOKENS SIND die einfachste und auch am einfachsten zu verstehende Methode, 2FA ohne Herausgabe personenbezogener Daten umzusetzen. Deswegen wäre es gerade für ältere Menschen gut geeignet. Es kommen auch immer neue Plattformen dazu, die diese Methode akzeptieren, aber es könnten deutlich mehr sein. [10]

WENN DU EINEN Hardwaretoken einsetzen möchtest, informiere Dich, ob die Plattformen, Webseiten, Services, die Du häufig nutzt, 2FA über Hardwaretokens anbieten. Falls Du zu dem Schluss kommst, dass es sich für Dich lohnt, informiere Dich über die verschiedenen Produkte.
-> https://www.yubico.com/
-> https://www.nitrokey.com/de

ES EMPFIEHLT SICH, gleich zwei Sticks zu kaufen und beide für dieselben Plattformen und Accounts einzurichten. Einen kannst Du zusammen mit Deinem Backup-USB-Stick ins Bankschließfach geben, den anderen z.B. an Deinen Schlüsselbund hängen oder wo Du ihn sonst immer dabei hast.

BEI ALLEN DREI Methoden ist es sinnvoll, diese im Password-Safe zu hinterlegen und auch die »Rettungscodes« oder »Rubbelcodes« dort abzuspeichern, falls z.B. ein Hardwaretoken verloren geht und der zweite außer Reichweite (z.b. im Bankschließfach) ist. Außerdem sind Backups immer gut.

~

IoT & Geräte – Standardpasswörter *immer* ändern

* 5 Minuten (pro Gerät)

»Mein Kühlschrank wurde gehackt!«

Genau wie bei Deinen Onlinekonten hast Du es auch bei Deinen computerisierten Geräten fast immer in der Hand, diese sicherer zu machen. Es ist die Frage, ob Du wirklich einen Fernseher brauchst, der am Netz hängt, oder einen Kühlschrank, eine Zahnbürste oder eine Personenwaage mit Internetanschluss. Jede Schnittstelle, sei es WLAN, Bluetooth oder auch ein Netzwerkkabel-Anschluss, beeinträchtigt die Sicherheit der Geräte. Oder, wie es so schön heißt, das »S« in »IoT« steht für Sicherheit.

Das »Internet of Things«, also das »Internet der Dinge«, lebt davon, dass nach Möglichkeit alles mit einem Internetanschluss versehen wird. Ob das sinnvoll ist oder nicht, wird hierbei selten berücksichtigt. Vielmehr zählt, dass die Geräte schnell auf den Markt kommen und Käufer:innen finden. Sicherheitstests oder die Möglichkeit, überhaupt Updates einspielen zu können, bleiben dabei meist auf der Strecke. Wenn Du IoT-»Gadgets« (also »Geräte« oder auch »technische Spielereien«) nutzen möchtest, liegt das natürlich ganz bei Dir. Es kann auch durchaus sinnvolle Anwendungsfälle geben. Der Verein »IoT Austria« beispielsweise versucht, IoT sicher, sinnvoll und verantwortungsbewusst umzusetzen. Ralf Schlatterbeck hat auf vergangenen PrivacyWeeks auch immer wieder Vorträge zum Thema Sicherheit von IoT Geräten gehalten. Ich lege sie Dir wärmstens ans Herz. [11]

ES IST KLUG, sich vor dem Kauf genau zu informieren. Beispielsweise, wo das angestrebte IoT-Gerät seine Daten speichert – in der Cloud beim Hersteller in irgendeinem Land, das ein sehr niedriges (oder auch gar kein) Datenschutzniveau hat? Gibt es Erfahrungsberichte? Welche Suchergebnisse bekommst Du, wenn Du zur Produktkennung noch das Wort »Sicherheit« mit eingibst? Hinweis: Im Englischen gibt es »security« und »safety«, was tatsächlich zwei unterschiedliche Dinge sind. Beim Auto würde man den Anschnallgurt und Airbag zu Safety zählen, den Schlüssel zu Security. In der deutschen Sprache gibt es leider keine Begriffe, die diese beiden Bereiche trennscharf voneinander abgrenzen.

WENN DU SCHON EIN Gerät kaufst, das ans Internet angeschlossen werden soll, achte vor allem darauf, dass der Hersteller für einen möglichst langen Zeitraum Sicherheits-Updates zusichert. Kauf keinen Billigschrott. Billig meine ich nur bedingt im Sinne des Kaufpreises, es gibt auch sehr teure Geräte, die trotzdem nichts taugen. Die ganz kostengünstigen taugen allerdings in nahezu 100% der Fälle nichts. Billig soll heißen: ohne Garantie, dass das Ding nicht spätestens drei Tage nach Inbetriebnahme mit Malware verseucht ist.

WENN ES SICH UM »SMARTES« Spielzeug für Kinder handelt, solltest Du besser vor der Anschaffung nachlesen, ob bereits Sicherheitslücken für dieses Gerät bekannt sind. Und ja, auch ein Teddybär ist ein Gerät, wenn er einen eingebauten Computer hat und mit dem Internet kommuniziert. Sicherheitslücke kann hier bedeuten, dass im Zweifelsfall Stimmaufzeichnungen aus Millionen Kinderzimmern auf ungesicherten Servern im Netz öffentlich zugänglich sein könnten. Die Puppe »My Friend Cayla« beispielsweise hatte eine offene Bluetooth-Schnittstelle ohne Zugangscodeabfrage, über die sich jede:r, der:die die zugehörige App auf dem Telefon hatte und sich in Reichweite befand, mit dem Gerät verbinden und alles mithören konnte, was in der Umgebung der Puppe vor sich ging. Obendrein waren die Stimmaufzeichnungen auf externen Servern gespeichert und zu Werbezwecken genutzt worden. 2017 wurde Cayla von der Bundesnetzagentur als »versteckte, sendefähige Anlage« klassifiziert und es gab den öffentlichen Aufruf, die Puppe zu vernichten.[12] Vernetzte sprechende Puppen gibt es auch von Mattel. Schon 2015 hatten sie Programmierfehler (»Bugs«) in »Hello Barbie«, wobei nicht klar war, ob und falls ja wie viele Zugriff auf die Stimmaufzeichnungen letztendlich hatten. Immerhin führte Mattel daraufhin ein sogenanntes »Bug-Bounty-Program« ein; das bedeutet, dass Menschen, die Sicherheitslücken und Programmierfehler finden und melden, dafür entlohnt werden.[13][14] Was nicht automatisch bedeutet, dass seitdem alles fehlerfrei und hochsicher läuft.

TIPP: Wenn Du Dich vorab über die Produkte informierst, kannst Du größere Hoppalas in vielen Fällen vermeiden.

DIE FAUSTFORMEL BEI JEDEM GERÄT, das ans Netz soll, lautet: *Immer* sofort nach dem Auspacken und bevor das Gerät ans Netz kommt, das Standardpasswort ändern. Damit vermeidest Du, dass ein automatisiertes Skript mit einer Tabelle an Standardzugängen gleich in den ersten zehn Minuten Dein neues Gerät infiziert. Nutze einen Password-Safe und lege für jedes Gerät ein eigenes Passwort an. So etwas wie Nutzername »admin« mit Passwort »admin« oder »1234« oder sonst etwas in der Art sind dafür prädestiniert, dass diese Geräte – ebenso wie eMail- oder Social-Media-Konten – automatisiert im Netz nicht nur gesucht und gefunden, sondern auch direkt von Angreifer:innen übernommen werden. Und wenn jemand anderes bestimmt, was Deine Geräte tun, ist »Feuer am Dach«. So ein »Thing of Internet« sagt Dir nämlich nicht, dass es gerade als Teil eines Botnetzwerks einen Angriff auf einen Krankenhausserver fährt, während es Dir einen Kaffee kocht.

Was ist ein Botnetz?

Ein Botnetz ist ein Netzwerk aus »Bots«, kurz für »Roboter«. Ferngesteuerte Geräte, die selbständig Dinge tun. Bedenke, dass in Teddybären, Puppen, Glühbirnen etc. mittlerweile Computer stecken, die mehr können als die zimmergroßen Rechner, mit denen Menschen das erste Mal zum Mond geflogen sind. Die Computer können zuviel für das, wozu sie eingebaut wurden und langweilen sich die meiste Zeit. Viel Rechenleistung also, die anderweitig verwendet werden kann.

Für ein Botnetz werden meist gleiche Geräte gesucht, die bestimmte Schwachstellen haben. Das läuft vollautomatisch, wenn einmal jemand ein Programm geschrieben und das auf das Internet losgelassen hat. Soll heißen: Da sitzt keine Person, die darauf wartet, dass genau Deine Kamera an die Haustür oder ins Warte-zimmer geschraubt und ins Netz gehängt wird. Ein automatisiertes Programm sucht und findet Geräte einer bestimmten Art. Und wenn das Programm mit »admin«/»admin« oder »1234« auf das Gerät zugreifen kann, wird Deine Kamera in Sekundenschnelle Teil des Botnetzes und sucht dann selbst wieder nach weiteren Geräten, infiziert diese und so geht das immer weiter. Allein, dass diese Botnetze existieren, macht die Welt für alle Menschen (und

Webseiten, Maschinen, Krankenhäuser, Schiffssteuerungen, Kraftwerke etc.) unsicherer.

BOTNETZE WERDEN VON ANGREIFER:INNEN dazu verwendet, bestimmte Rechner gezielt anzugreifen. Wer ein Botnetz steuert, kann die geballte Leistung aller im Botnetz befindlichen Rechner, Kühlschränke, Glühbirnen, Teddybären und Kaffeemaschinen beispielsweise als »DDoS-Attacken« gegen Computernetzwerke lenken. Dann ist Dein Wasserkocher vielleicht an einem Angriff auf die Rechner einer Botschaft oder eine große Flugline beteiligt, ohne dass Du es überhaupt weißt. »DDoS« bedeutet »Distributed Denial of Service«, also ein Angriff, bei dem möglichst viele Anfragen in kürzester Zeit an beispielsweise ein und denselben Server gerichtet werden, so dass dieser irgendwann nicht mehr antworten kann und in die Knie geht. Du kannst Dir das so vorstellen, wie wenn du auf Deinem Computer hunderte Programme gleichzeitig startest; irgendwann hängt er dann einfach.

DU KANNST ETWAS DAGEGEN TUN, dass Deine Geräte von Fremden übernommen und dann ohne Dein Wissen für Angriffe auf anderer Leute oder Länder Infrastruktur missbraucht werden, indem Du die Zugangsdaten zum Gerät änderst, noch ehe Du die Geräte ins Internet lässt.

IoT Suchmaschine

Für das Internet of Things gibt es auch eine Suchmaschine: Shodan. Hier findet man Millionen Geräte, die im Netz hängen und was sie der Welt an Informationen über sich und um sie herum preisgeben. Shodan wird vornehmlich von Sicherheitsforscher:innen verwendet, aber jede:r kann sich dort um wenig Geld einen Account anlegen.

Eine grobe Suche geht auch ohne Account direkt auf der Startseite. Schau es Dir gerne einmal an und suche nach »Waschmaschine« oder »camera«.

-> https://www.shodan.io

~

WLAN & Bluetooth bei Mobilgeräten ausmachen, wenn Du das Haus verlässt

* 7 Sekunden

Überall in der Stadt und in Geschäften gibt es WLAN-Hotspots. WLAN steht für »Wireless Local Area Network« und ist dasselbe wie »WiFi«, das für »Wireless Fidelity« steht und eigentlich nur ein Marketingausdruck ist (so wie »HiFi«, »High Fidelity«, in den 1980ern). WiFi ist im Englischen der übliche Begriff.

»Feind hört mit«

Wenn Du in einem Café sitzt und gemütlich mit einer:einem Freund:in plauderst, wirst Du vermutlich nicht daran denken, dass es Menschen gibt, die böse Absichten haben.

Für Angreifer:innen ist es recht einfach, sich im selben Café oder auch nur um Umkreis aufzuhalten und sich anzusehen, was im WLAN, das vom Café für seine Gäste bereitgestellt wird, so vor sich geht. Es gibt Programme, die eigentlich für Programmierer:innen gebaut sind, die den »Network Traffic«, also den Datenverkehr in einem Computer-Netzwerk, untersuchen und aufzeichnen können. Solche Programme können auch von Angreifer:innen genutzt werden, die dann sehen, wer gerade Onlinebanking macht, einen Flug bucht oder eine Kreditkartenzahlung über das Internet tätigt. Die tatsächlichen Zahlungsdaten sollten an sich gut gesichert sein, aber allein die Tatsache, dass solche Transaktionen stattfinden, ist im Netzwerk gut sichtbar und auch, wohin.

Wenn es vielleicht ein:e Stalker:in genau auf Dich abgesehen haben sollte, verrätst Du allein durch die Metadaten, also nicht den Inhalt der Datenverbindung, sondern allein die Adressen, zu denen Deine Geräte Verbindungen aufbauen, wann, wie oft und so weiter, sehr viel über Dein Leben. Und falls es noch niemand auf Dich abgesehen haben sollte, könnte Dein »digitaler Fußabdruck« vielleicht ausreichen, jemanden auf Dich aufmerksam zu machen.

Es ist grundsätzlich empfehlenswert, keine »wichtigen« Datenverbindungen über öffentliche Netzwerke zu machen. Weder im Café, noch auf dem Rathausplatz, noch im Zug.

Verräterische Gerätenamen

Ändere den Namen Deiner Geräte, sonst verrätst Du allen, an denen Du vorbeikommst, dass Du vielleicht Peter oder Cornelia heißt. »Peters iPhone« oder »Cornelias Tablet« im Netzwerk zu finden, ist meist ein Kinderspiel. Spätestens wenn Du selber einen WLAN-Hotspot mit Deinem Telefon aufmachst, können alle im Umkreis diesen Hotspot auf ihren Geräten sehen und wissen dann schon einmal Deinen Namen, ohne dass Du das vielleicht überhaupt möchtest.

Der größere Rahmen

An sich sind WLAN-Hotspots eine coole Sache, weil man ins Internet kann, ohne den eigenen Datentarif zu bemühen. Das schont den eigenen Geldbeutel. Allerdings sind WLAN-Hotspots ein vergiftetes Geschenk, denn was nicht dabei steht ist, dass die Anbieter dieser Hotspots natürlich alles mitkriegen, was in ihrem Netzwerk passiert und diese Informationen nutzen. Zum einen, um Produkte besser zu platzieren, zum anderen werden die durch das angebotene WLAN gesammelten Daten in die Werbemaschinerie eingespeist.

Moment, was wird denn da gesammelt? Was die Betreiber des WLANs immer mitbekommen, ist eine eindeutige Gerätekennung (MAC-Adresse) Deines Gerätes. Die hat tatsächlich nichts mit Apple Mac zu tun. Der Name kommt von »Media Access Control«; das ist ein Regelwerk, wie Computer in einem Netzwerk miteinander kommunizieren. Quasi eine Straßenverkehrsordnung für Computernetzwerke. Kurz gesagt ist die MAC-Adresse eine einmalige Kennnummer. Davon hat Dein Gerät mindestens eine, wenn es WLAN kann. Wenn es auch noch Bluetooth kann, hat es dafür eine weitere. Also eine MAC-Adresse pro Schnittstelle. Die Betreiber des WLANs haben die MAC-Adresse Deines Geräts und weil diese MAC-Adressen pro Hersteller zugeteilt werden, sehen sie dadurch auch, von welchem Hersteller Dein Gerät ist. Sie sehen auch immer, welche Seiten Du angesurft hast, bzw. wohin sich Apps auf Deinem Gerät verbunden haben.

Falls es ein Login-Portal für das WLAN gibt, erfassen sie außerdem die Sprache Deines Geräts, den verwendeten Browser, welches Gerätemodell Du hast … Also alles, was wir vorher schon hatten, was die Betreiber von Webseiten so alles mitbekommen. Das Login-Portal ist nämlich auch nur eine Webseite, die im Falle von WLAN-Hotspots mit an Sicherheit grenzender Wahrscheinlichkeit mit Trackern voll ist.

Dein Standort, zentimetergenau

Unabhängig vom Loginportal und sogar unabhängig davon, ob Du Dich in ein WLAN einloggst, können die Betreiber des WLAN-Hotspots auch Deinen Standort erfassen. Das geht über »Metadaten«, also zusätzliche Daten, die neben der eigentlichen Information mit übertragen werden. Beispielsweise die Entfernung zum Hotspot. Wenn es nur einen »Accesspoint« (»Zugriffspunkt«, also das Gerät, das das WLAN ausstrahlt) gibt, ist die Aussage etwas ungenauer, nicht nur deswegen werden meist mehrere Accesspoints verbaut. Dadurch können die Betreiber des WLANs auf ein paar Zentimeter genau berechnen, wo sich Dein Gerät und damit auch Du aufhältst.

Im Marketingsprech nennt sich das »Besucherstromanalyse«. Also wo gehen, stehen, bewegen sich Menschen? Innerhalb von Geschäften werden anhand dieser Auswertungen Produkte so platziert, dass sie besser verkauft werden – die teuren Sachen dort hin, wo die meisten Leute vorbei gehen. Allerdings werden solche Techniken auch außerhalb von Geschäften eingesetzt. So wird ermittelt, welches Gerät wie lange vor einem Schaufenster war und dann in den Laden getragen wurde. Sprich: welches Schaufenster Du Dir angesehen hast, bevor Du in den Laden gegangen bist. Falls Du eine App dieser Ladenkette auf Deinem Telefon hast, kann es sein, dass Dir genau beim Betreten des Ladens passende Werbung oder ein Gutschein angezeigt wird, um Dich zu einem Kauf zu animieren.

ABER DER LADEN hat gar kein gratis WLAN! Das kann es auch geben. Ein WLAN muss nicht sichtbar sein, um die Daten aller Geräte, die sich im Umkreis befinden, zu erfassen. Es gibt genug Läden, Ladenketten, Einkaufsstraßen, Kaufhäuser, Bushaltestellen und mehr ohne sichtbares WLAN, die dennoch Besucherstromanalyse – also WLAN-Tracking – machen. Auch auf Flughäfen und Bahnhöfen werden dieselben Technologien angewendet.

HINWEIS: Mit Bluetooth geht das übrigens auch.

· · ·

AUSSTATTER FÜR WLAN-BETREIBER sind beispielsweise Oracle oder Cisco, die auf ihren Webseiten dafür werben, wie sie Personen über ihre Geräte identifizieren und mit den Informationen aus dem angeschlossenen Werbenetzwerk zusammenführen. Durch das WLAN- oder Bluetooth-Tracking haben sie zusätzlich zu allen anderen Informationen auch Dein Bewegungsprofil. Denn es ist nicht nur ein einzelnes Geschäft in der Stadt, das solch ein Tracking eingebaut hat, sondern sehr viele. Und da Deine Geräte nicht nur dann erfasst werden, wenn Du Dich aktiv in ein WLAN einloggst, haben die Betreiber der WLANs sowie auch die Ausstatter einen guten Einblick darüber, wo Du Dich den ganzen Tag lang so aufgehalten hast. Denn ein Betreiber hat meistens viele Hotspots und auch unsichtbare Accesspoints über die ganze Stadt verteilt. Über die Häufigkeit Deiner Anwesenheit, ob tagsüber oder nachts, kann so auch mit sehr hoher Genauigkeit Dein Arbeitsort sowie Deine Wohnung bestimmt werden.

Die Empfangsreichweite von WLAN-Accesspoints ist überdies auch noch sehr hoch: Ein paar Hundert Meter auf freiem Feld. Das heißt, selbst wenn man Störungen durch Stahlbeton und Häuser berücksichtigt, werden Deine Standortdaten schon weit vor Betreten einer Fußgängerzone, einer Bahnstation oder eines Kaufhauses erfasst. Falls Du über oder in der Nähe einer Ladenkette oder einer Busstation wohnst, kann diese Erfassung auch in Deine eigenen vier Wände hineinreichen.

ES GIBT NATÜRLICH ÖFFENTLICH bereitgestellte Netzwerke von Cafés und auch Ausstatter für solche Netzwerke, die ordentlich arbeiten, so wenig wie möglich, zeitlich so kurz wie möglich loggen und alles so schnell wie möglich löschen. Die gibt es auch. Es sind allerdings im Vergleich zu den massenhaft datenschnorchelnden Netzwerken der großen Anbieter deutlich zu wenige.

. . .

Wᴇɴɴ Dᴜ ᴍᴇʜʀ ᴜ̈ʙᴇʀ Tracking mittels Bluetooth und WLAN erfahren möchtest, schau Dir gerne den Vortrag »Track me, if you … oh.« an, den ich zusammen mit Clemens Hopfer auf dem Chaos Communication Congress 2018 gehalten habe.[15]

Wenn Du ein Gerät wie beispielsweise Dein Smartphone, Dein Tablet, Deinen Laptop oder eine WLAN-fähige Spielekonsole bei Dir hast, Bluetooth-Kopfhörer, einen eRoller (die haben alle Bluetooth), einen Bluetooth-Schlüsselanhänger, eine Smartwatch oder was sonst noch alles über WLAN oder Bluetooth kommunizieren kann, schalte an allen Geräten WLAN und Bluetooth aus, ehe Du die Wohnung verlässt. Nicht nur trennen, sondern in den Einstellungen ganz ausschalten. Unter Android gibt es auch eine App namens »Wi-Fi Privacy Police«, die verhindert, dass Dein Gerät mit anderen als den bekannten WLAN-Netzwerken zu Hause oder in der Arbeit spricht; was allerdings nur WLAN- und nicht Bluetooth-Tracking verhindert. WLAN-Tracking ist allerdings auch deutlich häufiger. Weil viele Geschäfte ohnehin ein WLAN für ihre eigenen Geräte haben und manchmal auch ein Netzwerk für ihre Kund:innen anbieten, sind die Geräte deswegen bereits vorhanden.

Dᴜʀᴄʜ Aᴜssᴄʜᴀʟᴛᴇɴ ᴅᴇʀ WLAN- & Bluetooth-Funktion an Deinen Geräten, insbesondere Deinem Telefon, sobald Du die Wohnung verlässt, gibst Du Deinen Standort und Deine Internetnutzungsdaten unterwegs nicht versehentlich an Menschen mit unlauteren Absichten und auch nicht gratis durch bloße Anwesenheit an die Werbeindustrie. Oder an Deinen Arbeitgeber, falls Du im Büro das WLAN eingeschaltet hast.

≈

WLAN zu Hause absichern

* 20 Minuten

Wenn Du ein neues Modem Deines Internetanbieters bekommen hast, wirst Du wahrscheinlich schon beim ersten Einschalten dazu aufgefordert worden sein, ein möglichst starkes Passwort für das WLAN einzugeben. Es kann auch sein, dass Du zwei getrennte Geräte hast; eines, das die Verbindung ins Internet herstellt (das Modem) und einen sogenannten WLAN-Router, der das WLAN für Deine Wohnung ausstrahlt. Bei modernen Geräten, die von den Internetanbietern ausgeliefert werden, sind beide Geräte zusammen in einem Gehäuse verbaut.

Ein gut gesichertes WLAN zu Hause ist wichtig. Umso mehr, wenn Du dort Onlinebanking oder die Übermittlung Deiner Steuerunterlagen machen möchtest.

UNGESICHERTE NETZWERKE, also solche, die nicht mit einem (ordentlichen) Passwort versehen sind, sind ein Einfallstor für alles und jede:n, die damit Schindluder treiben möchten. Bis hin zu Kriminellen, die über das WLAN anderer Personen Verbrechen im Internet begehen. Bei den Angegriffenen erscheint dann die IP-Adresse Deines Internetanschlusses als Ausgangspunkt des Angriffs.

Was außerdem mit ungesicherten WLAN-Netzwerken passiert ist, schildert Shoshana Zuboff in »Das Zeitalter des Überwachungskapitalismus«. Als Google mit den StreetView-Autos durch alle Straßen fuhr, um diese zu kartographieren, schnorchelte es auch alles ab, was es aus ungesicherten WLAN-Netzwerken aufschnappen konnte. Also auch alles, was in diesen Netzwerken gerade vor sich ging. Dieses Können ist nicht nur Google vorbehalten. Kriminelle können vor Deinem Haus vorbeigehen und offene Netzwerke registrieren und ggf. auch alles, was darin vor sich geht.

. . .

DESWEGEN IST die Vergabe eines guten Passworts für Dein Heimnetzwerk so wichtig. Speichere es im Password-Safe.

BONUSPUNKTE, wenn Du für Gäste ein eigenes Gäste-WLAN einrichtest. Es gibt Geräte von Internetanbietern, die dies bereits voreingestellt haben. Tausche auch hier das Passwort aus und lass nicht alle Leute in Dein Heimnetzwerk rein.

∿

Kundenkarten weglassen

* 1 Sekunde

Durch Kundenkarten erfassen die Geschäfte ganz genau, was Du kaufst. Du erinnerst Dich sicher an das Beispiel der Minderjährigen, die von der Supermarktkette Target Gutscheine für Produkte für Schwangere erhielt? Natürlich laufen über all Deine Einkäufe Analyse-Algorithmen und werten aus, was sie kriegen können.

Wenn Du übergreifende Kundenkarten wie PayBack oder DeutschlandCard nutzt, haben diese Unternehmen natürlich nicht nur die Informationen einer einzelnen Ladenkette, sondern quasi *alle* Deine Konsumgewohnheiten. Damit können sie sehr genau errechnen, in welcher Lebensphase Du bist, wie viele Personen in Deinem Haushalt leben, wie viele davon wahrscheinlich männlich oder weiblich sind, welche Krankheiten oder Allergien wahrscheinlich vorliegen, ob Ihr Besuch bekommt oder für eine Feier einkauft und so weiter.

Überlege Dir, ob es Dir wert ist, für eine Handvoll Gutscheine Deine gesamten Konsumgewohnheiten herzugeben. Die Kundenkarte wegzulassen dauert genau eine Sekunde.

~

Bargeld nutzen

* 10 Minuten

Statt mit Karte zu zahlen, wobei Du alle Informationen über Deine Käufe der Bank verrätst, kannst Du auch mit Bargeld zahlen. Die angegebenen zehn Minuten sollten den Umweg über den nächsten Bankautomaten in etwa abbilden.

~

Heute mal nicht streamen

* 25 Minuten

Nimm Dir einen Moment und überlege Dir, ob Du wirklich alle Informationen über Deine Fernseh- oder Musikgewohnheiten verraten möchtest. Diskutiere das auch mit den anderen Personen in Deinem Haushalt. Vielleicht möchtest Du bestimmte Musik, Filme oder Serien doch lieber als CD, bzw. DVD oder BluRay haben?

~

App-Berechtigungen checken

* 20 Minuten

Auch in Apps ist häufig Tracking eingebaut und selbst falls nicht, können die verwendeten Frameworks, also die Baukästen, die von einigen Firmen wie Facebook oder Google angeboten und von den App-Herstellern als Grundlage ihrer Apps verwendet werden, Daten nach Hause schicken. Das gilt für Smartphone- und auch für Tablet-Apps.

Nimm Dir etwas Zeit und setze Dich mit Deinem Gerät auseinander. Schau Dir insbesondere an, welche Berechtigungen die einzelnen Apps haben. Welche Apps dürfen auf die Kamera, das Mikrofon, die Standortdaten (GPS) oder Dein Adressbuch zugreifen? Muss die App diese Berechtigung haben? Hinterfrage alles kritisch. Muss eine App, die nur eine Taschenlampe sein soll, Zugriff auf Dein Adressbuch haben? Brauchst Du die App überhaupt oder bringt das Betriebssystem diese Funktion vielleicht ohnehin schon mit?

Das Tracking gilt natürlich auch für alle Spiele. Es gab schon Fälle, wo Tracking auch dann noch stattfand, als die eigentliche App schon deinstalliert war, beispielsweise Uber.[16]

WENN DU WISSEN MÖCHTEST, welche weiteren Firmen darüber informiert werden, wie oft und wie Du eine App verwendest, was Du darin machst etc., schau mal bei *Exodus Privacy* nach und gib den Namen der App ein.

-> https://reports.exodus-privacy.eu.org/en/

ES SIND NUR Apps unter Android verzeichnet. Aus meiner Erfahrung aus dem Webdevelopment kann ich aber sagen, dass mit an Sicherheit grenzender Wahrscheinlichkeit dieselben Tracker in den jeweiligen iOS-Apps ebenso vorhanden sein werden, da üblicherweise darauf geachtet wird, möglichst wenig Unterschied zwischen den Apps verschiedener Plattformen zu haben, da das den Wartungsaufwand auf Herstellerseite deutlich verringert. Außerdem möchten die Marketingabteilungen der Herstellerfirmen von allen Benutzer:innen sehr sicher die Daten in dieselben Silos geliefert bekommen.

· · ·

DIE BELIEBTE KEYBOARD APP »SWIFTKEY KEYBOARD« hat beispielsweise Google Analytics sowie Google Tag Manager eingebaut, ein weiteres Puzzleteil aus Googles Werbeimperium. Außerdem Microsoft Visual Studio App Center Crashes für Crash Reports, also Absturzberichte [Stand Januar 2021 [17]]. Google hat also wahrscheinlich ein sehr gutes Bild darüber, was Du über diese App, die die Standardtastatur auf Deinem Telefon oder Tablet ersetzt, alles eingibst. Überlege, ob die vom Betriebssystem mitgegebene Tastatur nicht auch für Dich ausreichen würde.

HINWEIS: GRUNDSÄTZLICH »TELEFONIEREN« alle Tastaturen nach Hause. SwiftKey ist keine Ausnahmeerscheinung. Und auch Apple hat gute Statistiken darüber, welche Emojis am häufigsten verwendet werden. [18][19] Prüfe Deine Apps, auch Deine Tastatur, wenn Du dafür eine eigene App installiert hast, in Exodus Privacy.

TIPP: Für Android gibt es das »Hacker's Keyboard«, das nicht »nach Hause telefoniert«.

BEI ALLEN APPS, die Du wirklich behalten möchtest oder aus welchen Gründen auch immer musst, lohnt es sich, die App-Berechtigungen immer wieder mal durchzusehen. Nach Updates kann es sein, dass die App die Berechtigungen wiederbekommen hat, die Du eigentlich schon gelöscht hattest.

ICH MACHE ES SELBST SO, dass Apps, die ich nur selten verwende – wie beispielsweise damals Skype für die Familientelefonate – grundsätzlich nicht auf Kamera, Mikrofon, GPS, Telefonbuch und das Internet zugreifen dürfen. Die Berechtigungen schalte ich erst ein, wenn ich die App verwende und der Zugriff wirklich notwendig ist. Kamera und Mikrofon gebe ich beispielsweise nur für die Dauer des Gesprächs frei und deaktiviere den Zugriff hinterher wieder. Das sind vor und nach dem Gespräch ca. zehn Sekunden Aufwand. Einmal die Woche. Meines Erachtens ist die Arbeit durchaus überschaubar.

∿

Bloody Data vermeiden

* 10 Minuten

Ein vielleicht besonders wichtiger Tipp, falls Du zu den menstruierenden Personen gehörst oder Menschen kennst, die Zyklus-Apps verwenden. Diese sind in den seltensten Fällen frei von Tracking. Die meisten Anbieter verkaufen die Daten, die dort eingegeben werden an Werbenetzwerke[20], Versicherungen oder auch Regierungen. Das einfachste Ziel ist passgenaue Werbung zur aktuellen Schwangerschaftswoche, was planmäßig dann mündet, dass die Firmen die Kund:innen für viele Jahre an sich und ihre Marke binden, was ggf. zu deutlich höheren Kosten führt, als wenn man alternative Produkte kaufen würde. Es kann aber auch wirklich drastische Konsequenzen haben für Menschen, die vllt ein Kind verloren haben. Denn solche Fälle sind in den Algorithmen nicht vorgesehen und so bekommen auch Frauen nach Schwangerschafts- abbrüchen oder Todgeburten noch immer monate- manchmal jahre- lang Werbung für Windeln, Strampler und Lauflernhilfen und Kinderfahrräder angezeigt.[21] In den USA werden die Daten aus Zyklus-Apps verwendet auf der Suche nach Fehlern bei Ärzten der letzten verbliebenen Abtreibungsklinik im Bundesstaat Missouri. Die Regierung möchte diese endlich schließen können.[22]

Wenn Du dazu mehr wissen möchtest, Judith Strußenberg hat

2019 dazu eine Podcastfolge[23] mit mir aufgenommen und bei der PrivacyWeek 2020 einen aktualisierten Vortrag gehalten.[24]

Die gute Nachricht ist, es gibt auch hier Alternativen. Unter Android gibt es zwei OpenSource Zyklus-Apps, die datensparsam nur auf Deinem Gerät arbeiten.

-> Drip: https://bloodyhealth.gitlab.io/

-> Periodical: https://f-droid.org/de/packages/de.arnowelzel. android.periodical/

Auf iOS gibt es seit einer Weile die Möglichkeit, den Zyklus in der Apple-eigenen Health-App zu tracken. Das liegt dann zwar noch immer bei Apple, aber die positionieren sich wenigstens sehr ausdrücklich für Datenschutz und Privatsphäre und haben es nicht nötig oder auch nur irgendwie als Teil ihres Geschäftsmodells, Daten zu verkaufen oder Werbung zu schalten. Und hoffentlich ist eine der beiden OpenSource Alternativen bald auch für iOS verfügbar.

∿

Sichere Messenger

Signal

* 5 Minuten

Signal ist der Messenger, den Edward Snowden und Laura Poitras verwendet haben, während Snowden gerade Staatsgeheimnisse der USA an die Öffentlichkeit verriet. Auch heute noch empfiehlt Snowden Signal. Ein Wermutstropfen ist, dass es eine US-amerikanische App ist, aber die Hersteller geben sich größte Mühe, ausschließlich verschlüsselte Daten auf ihren Servern zu haben, die von Behörden nicht gelesen werden können und dort laufen die Daten auch nur kurz durch, gespeichert werden die Inhalte ausschließlich auf den Geräten der Benutzer:innen.

Die Verschlüsselung von Signal ist momentan noch immer die beste auf dem Markt und wurde auch von anderen Firmen wie zum Beispiel Facebook eingekauft. Die Verschlüsselungs-Technik wohlgemerkt, nicht der ganze Messenger. Die Verschlüsselungs-Technik setzt Facebook seit einer Weile auch bei WhatsApp ein.

MOMENT MAL, wenn WhatsApp verschlüsselt ist, warum soll ich was anderes nutzen? Weil Facebook dadurch, dass alle Kommunikation über ihre Server läuft, alle Metadaten mitbekommt. Also alles außer dem tatsächlichen Inhalt. Wer mit wem, wo, wohin, wann, wann nicht und so weiter. Abgesehen davon gibt WhatsApp alle Daten aus Deinem Adressbuch direkt an Facebook weiter.

Die letzten Änderungen an den WhatsApp AGB im Januar 2021 haben einen regelrechten Ansturm auf Signal und auch Threema ausgelöst. Zwar wurde die Umsetzung der Änderungen bis Mai 2021 verschoben, aber was sie einmal angekündigt haben, wird mit großer Sicherheit früher oder später kommen.

SIGNAL ermöglicht einen sehr niederschwelligen Umstieg. Es kann quasi alles, was WhatsApp auch kann, inklusive verschlüsselter Telefonie und Videoanrufe, mittlerweile sogar für Gruppen. Das heißt, Du kannst über Signal auch telefonieren und Videogespräche führen; sogar sicher. Außerdem gibt es einen Desktop-Client, mit dem Du auch auf dem Rechner chatten kannst. Dieser synchronisiert mit Deinem Telefon.

Signal ermöglicht es auch, Dein Adressbuch auf Kontakte abzuklopfen, die bereits bei Signal sind. Im Gegensatz zu WhatsApp lädt es aber nicht Dein komplettes Adressbuch im Klartext hoch, sondern macht von jeder Telefonnummer einen Hash, das ist eine

Prüfsumme, und gleicht diese mit dem Signal Server ab, ob dieser Hash dort schon bekannt ist.

Signal ist gratis, weil es unter anderem von *Reporter ohne Grenzen* finanziert wird, ebenso von diversen Regierungen, die möchten, dass ihre Angestellten sich sicher unterhalten können.

Der eine Nachteil, den Signal hat, ist, dass es die Telefonnummer als Benutzer:innen-ID benutzt.

Signal gibt es für Android, iOS und Desktop.

-> https://signal.org/

Threema

* 5 Minuten

Threema ist ein Messenger von einem Schweizer Hersteller. Bei Threema basiert die Verschlüsselung auf einer OpenSource-Ressource und wurde 2015 durch zwei Sicherheitsaudits bestätigt.[25] Seit Dezember 2020 ist Threema insgesamt OpenSource.

Threema hat den Vorteil, dass man zum Start eine anonyme Threema-ID erstellt, Du also nicht Deine Telefonnummer rausgeben musst. Man kann bei einem persönlichen Treffen die ID einer anderen Threema-Benutzer:in durch einen kurzen Scan einlesen und somit als »echt« bestätigen.

Ein Nachteil ist, dass es keinen Desktop-Client gibt. Über einen Web-Chat kannst Du aber auch am Rechner chatten. Der Web-Chat synchronisiert dann mit Deinem Telefon.

Der Preis von einmalig knapp € 3,- für die App kann für manche bspw. Schulklassen eine Einstiegshürde sein. Allerdings funktionieren auch große Gruppen mit vielen Teilnehmer:innen wunderbar.

Threema gibt es für Android und iOS.

-> https://threema.ch/de

Element

* 10 Minuten

Element, früher »Riot«, ist ein OpenSource Messenger. Er ist einer von mehreren, die auf das Protokoll namens »Matrix« aufsetzen. Das heißt, es können Menschen auch dann mit einander kommunizieren, wenn sie verschiedene Messenger verwenden, die aber alle dasselbe Protokoll (Matrix) sprechen. So wie im Fediverse, über das ich etwas später bei den Social-Media-Alternativen schreibe.

Element wird von einem britischen Entwicklerteam hergestellt. Eine eigene Version des Messengers wurde 2019 flächendeckend für französische Behörden ausgerollt, wofür die Entwickler eine große Finanzspritze erhielten, um das Projekt weiter voranzutreiben.

Zum Start legt man sich einen Account auf einem Matrix-Server wie beispielsweise matrix.org an. Du kannst also auch bei Element anonym ein Benutzer:innen-Konto erstellen.

Bei Element gibt es Chaträume; auch bei einem Gespräch von zwei Personen nennt es sich so; es sind dann einfach nur zwei Personen im Raum.

Ein Nachteil ist, dass man beim Start eines Chatraumes die Verschlüsselung einmalig aktivieren muss. Das heißt, Du musst einmal zu Beginn eines neuen Chats selbst an Deine Sicherheit denken. Neu hinzukommende Gruppenteilnehmer:innen können dann die Nachrichten innerhalb der Gruppe ab dem Zeitraum lesen, ab dem sie selbst hinzugekommen sind. Die Kaskade an nicht entschlüsselbaren Nachrichten, die die Personen dennoch sehen, kann sehr abschreckend sein. Das Gleiche sieht man, wenn man den Client wechselt oder zB über einen Webchat auf die Räume zugreift.

Gerade am Anfang ist Element nicht ganz einfach zu benutzen. Die App wird allerdings stets weiterentwickelt.

Element funktioniert auch mit großen Gruppen. Die Apps sind gratis und für alle Plattformen inklusive Desktop und Webchat erhältlich.

-> https://element.io/

Weitere Messenger

In Deinen Recherchen wirst Du sicher auf »Telegram« und »Wire« stoßen, sowie eine ganze Reihe weiterer Messenger, die als »sicher« deklariert werden.

TELEGRAM WIRD HÄUFIG GLEICH als erste Alternative zu WhatsApp genannt. Soweit ich weiß, gab es bei Telegram bisher nie Datenlecks, aber die Verschlüsselungs-Algorithmen sind teilweise nicht OpenSource und auch nicht auditiert, die Chats nicht automatisch verschlüsselt . Heise bezeichnete Telegram nach einem Check im November 2020 als »Datenschutz-Albtraum«. Heise schreibt: »Doch schon ganz einfache Tests, die jeder selbst durchführen kann, zeigen, dass man sich bei der Nutzung des Messenger-Dienstes quasi komplett nackig macht.«[26] Außerdem hängt die gesamte Finanzierung vom Gutwillen und der Integrität des Entwicklers als Einzelperson ab. Das kann unter Umständen früher oder später zu Problemen führen.

DER ANDERE MESSENGER, der Dir sicher unterkommen wird, ist Wire. Die wurden im November 2019 zu 100% von einer US-Holding übernommen[27] und unterliegen damit jetzt dem Patriot-Act, bzw. dessen Nachfolger Freedom Act sowie dem CLOUD-Act, also US-Gesetzgebungen, die u.a. regeln, dass US-Behörden jederzeit Zugriff auf die Server des Unternehmens haben, irrelevant, wo sich die Server physisch befinden. Also sie haben auch Zugriff auf

Server von US-Unternehmen, selbst wenn diese in Frankfurt am Main stehen.

JABBER HAST Du vielleicht schon einmal gehört. Dahinter steht das XMPP Protokoll, das mit vielen unterschiedlichen Clients, also Programmen, verwendet werden kann. Jabber ist eines davon. Schau Dich am besten bei xmpp.org um, vielleicht kommst Du drauf, dass Deine Firma oder eine Clique bereits XMPP verwendet.

～

eMail durch sichere Messenger ersetzen

* 5 Sekunden

EINE MÖGLICHKEIT, sicherer zu kommunizieren als über Plaintext eMail ist, wenn möglich auf sichere Messenger umzusteigen. Wenn Dir jemand eine eMail schickt, kannst Du der Person über einen sicheren Messenger antworten, wenn die Person auch einen solchen installiert hat. Wechsele einfach den Kanal. Meiner Erfahrung nach antworten die Personen dann auch wieder im Messenger.

eMail-Konto wechseln

* 25 Minuten für das neue eMail-Konto, danach 2 Minuten pro Dienst, um das neue Konto dort einzutragen

WENN DU DEINEN eMail-Account bei Gmail, GMX, Web.de oder einem anderen »Gratis«-Anbieter hast, kannst Du zu beispielsweise posteo.de, Tutanota oder mailbox.org wechseln. Es gibt auch noch weitere Anbieter ungetrackter eMail-Konten, informiere Dich vorher im Netz.

Posteo und Mailbox.org kosten aktuell (Januar 2021) € 12,- im Jahr, also einen Euro pro Monat. Tutanota hat einen gratis Tarif für die Basisfunktionen inkl. einem Kalender, das erweiterte Paket kostet ebenfalls €12,- im Jahr.

Posteo bietet

- 2 GB eMail-Postfach
- 50 MB eMail-Anhänge
- Kalender
- Adressbuch
- 2 eMail-Aliasse
- 2-Faktor-Authentifizierung via TOTP
- Anmeldung ohne Angabe persönlicher Daten
- Zahlungen per Überweisung, Barbrief, Kreditkarte oder Paypal
- Umzugsservice vom alten eMail-Account

-> https://posteo.de/de

Mailbox.org bietet einen sehr ähnlichen Funktionsumfang

- 2 GB eMail-Postfach
- Kalender
- Adressbuch
- eigene Domain möglich
- 3 eMail-Aliasse

- 100 MB verschlüsselbarer Cloud-Speicher
- Mailbox.org hat auch Team- & Businessangebote

-> https://mailbox.org/de/

Tutanota bietet im €12-Paket

- 1 GB Speicher
- eigene Domains
- unbegrenzte Suche
- mehrere Kalender
- 5 Aliasse
- Posteingangs-Regeln
- Support via E-Mail
- Kalender-Einladungen

Es gibt bei allen Anbietern auch »größere« Pakete mit noch mehr Funktionen, die dann entsprechend etwas mehr kosten. Für viele sollte ein kleines Paket wahrscheinlich ausreichen.

Sowohl bei Posteo als auch bei Mailbox.org sind die Anbieter in Berlin, Tutanota hat seinen Sitz in Hannover. Die Rechenzentren sind in allen drei Fällen in Deutschland.

Wenn Du Dein eMail-Konto wechselst, gibt es die Möglichkeit, eine Mailweiterleitung einzurichten. Grundsätzlich ist es sinnvoll, allen Kontakten, von denen Du auch noch eMails erhalten möchtest, mitzuteilen, dass Du jetzt ein neues eMail-Konto hast und Menschen ihren Adressbucheintrag ändern sollen.

Denke außerdem daran, die eMail-Adresse bei all den Services und Anbietern zu ändern. Denk auch an die Stellen, die Du vielleicht nur einmal im Jahr brauchst. Es ist ggf. ratsam, das alte Konto nicht sofort zu löschen, falls Du doch noch einen Dienst vergessen haben solltest, bei dem Du vielleicht das Passwort wiederherstellen musst – die eMails zum Passwort wiederherstellen gehen natürlich noch an das alte Konto.

DAS IST AUCH DER GRUND, *warum Dein eMail-Konto Dein wichtigstes Konto überhaupt ist: Weil alle anderen darüber wiederhergestellt werden können.*

~

Deine eigene Cloud: Dropbox/GoogleDrive/MS One Drive durch Nextcloud ersetzen

* 25 Minuten

Für Cloudspeicher gibt es durchaus sinnvolle Anwendungsfälle, es ist natürlich immer am besten, wenn die Daten trotzdem Deine sind und nicht einem Konzern gehören.

Eine Möglichkeit dazu ist eine eigene Cloud – bitte lies weiter, es ist weniger Aufwand als es klingt! Beispielsweise mit OwnCloud, bzw. NextCloud. NextCloud ist das Nachfolgerprojekt, manche Anbieter arbeiten noch immer mit OwnCloud, was aber grundsätzlich auf dasselbe hinausläuft.

NEXTCLOUD HAT EINGEBAUTE FUNKTIONEN FÜR:

- Cloudspeicher
- File-Sync mit beispielsweise Mobilgeräten
- automatischer Bilder-Upload

- File-Share mit anderen Personen
- Kalender
- Adressbuch

Weitere Funktionen sind durch Plugins nachrüstbar, beispielsweise:

- gemeinsames Arbeiten an Dokumenten
- Video Calls

Du musst jetzt nicht zum Server-Admin werden, Dein eigenes Blech in ein Rechenzentrum tragen und alles von Grund auf neu installieren! Man kann, ähnlich wie bei Webhosting für eigene Blogs und Webseiten, auch eine NextCloud bei einem der zahlreichen Anbieter mit wenigen Klicks sein eigen nennen. Falls Du eine NextCloud mieten möchtest, gibt es recht günstige Angebote ab etwa € 5,- im Monat. Ein Anbieter ist greenwebspace.com. Es gibt aber auch noch eine ganze Reihe weiterer Angebote.

~

Platzhirsche loswerden

DeleteFacebook. Und Instagram, WhatsApp & Twitter

* 5 Minuten pro Dienst

Wenn Du irgendwann soweit sein solltest, dass Du Facebook, Twitter, Instagram und WhatsApp nicht mehr verwenden möchtest, sag Deinen Kontakten, dass Du das Netzwerk verlässt und wie sie Dich in Zukunft erreichen können – beispielsweise im Fediverse oder per Signal.

· · ·

DENK DARAN, Daten, die Du ausschließlich auf diesem Netzwerk hast, wie beispielsweise Facebook-Fotoalben, vorab noch zu sichern.

DAS LÖSCHEN DER BENUTZER:INNEN-KONTEN geht üblicherweise in der Kontoverwaltung und geht meist recht flink, aber oft ist eine Wartezeit von einem Monat dabei, bis das Konto auch wirklich nicht mehr zugänglich ist. Solltest Du Dich während dieses Monats doch noch einmal einloggen, fängt die Wartezeit mit dem nächsten Löschauftrag von vorne an.

Sollte das Netzwerk es Dir schwermachen, das Konto zu löschen, frag die Suchmaschine Deines geringsten Misstrauens. Meist gibt es aktuelle Anleitungen, welche Schritte Du genau befolgen musst, um das Konto zu löschen.

#DeleteGoogle & Google Mail, Google Kalender, YouTube, Google Docs, Google Suche, Google Translate und Google Maps

* Pro Dienst zwischen 2 und 29 Minuten

Google loszuwerden ist etwas umständlicher, weil so viele Services dazugehören.

Alternativen zur Google Suche

Alternativen zu Google Suche sind beispielsweise DuckDuckGo und Metager. Ändere hierfür die Standardsuchmaschine in Deinem Browser. Deinstalliere auch Browser-Add-ons wie die Google Search Bar, falls Du die noch haben solltest oder ein Add-on für Google Translate.

YouTube-Videos ohne Tracking schauen

Der Service namens »invidio.us« agiert als »Machine in the Middle« zwischen Deinem Gerät und den YouTube-Servern. Das bedeutet, es holt die YouTube-Videos vom Google-Server, aber Google sieht nur die IP-Adresse von invidio.us. Das gibt es auch als Browser-Add-on, das alle YouTube-Links automatisch über die invidio.us-Server umleitet. Auf der Seite findest Du eine Übersicht, verschiedener invidio.us-Server. Du kannst Dir auf einem davon einen Account machen und darüber auch Kanäle abonnieren.

-> https://invidio.us/

Eine weitere Alternative, wenn Du auch selbst Videos ins Netz stellen möchtest, ist PeerTube. Das ist die Fediverse-Alternative zu YouTube.

-> https://joinpeertube.org/

Alternativen zu Google Docs

Statt Google Docs gibt es beispielsweise die Cryptpads, aber auch die Kollaborations-Erweiterung für NextCloud kann hier Abhilfe schaffen.

-> https://cryptpad.fr/
-> https://cryptpad.digitalcourage.de/
-> https://nextcloud.org/

Alternative zu Google Maps

Ein Dienst, den viele häufig verwenden ist Google Maps. Auch dafür gibt es Alternativen. Falls Du Mac-Benutzer:in bist, hat Dein Rechner bereits Apple Maps eingebaut. Das funktioniert mittlerweile sehr gut.

Die freie Open-Source-Alternative ist OpenStreetMap (OSM). OSM hat eine rege Community, die sehr daran interessiert ist, die

Kartendaten möglichst aktuell zu halten. Daher findet man auf OpenStreetMap auch Postkästen inklusive Leerungszeiten und Wanderwege, die anderswo nicht verzeichnet sind. Baustellen sind meistens tagesaktuell. Schau Dir OSM gern näher an und beteilige Dich selbst am Projekt. Hier geht es gerade darum, dass jede:r mitmachen kann. OSM hat einen Wermutstropfen, nämlich, dass Du bei Deiner Suche aufpassen musst, dass Du die Straßennamen richtig schreibst. Mit einem Tippfehler im Straßennamen bekommst du vielleicht keine Ergebnisse angezeigt. Aber dafür sind die Daten so aktuell und vollständig wie nirgends sonst.

-> https://www.openstreetmap.org

Als App beispielsweise »OSMAnd«, die gibt es sowohl für iOS als auch für Android.

Alternative zu Google Translate

Als Alternative zu Google Translate gibt es eine deutsche Plattform namens DeepL. DeepL liefert sehr gute Übersetzungen und ist für den Alltagsgebrauch absolut geeignet. Es hat noch nicht so viele Sprachen wie Google Translate, es sind aber in den letzten Monaten wieder weitere hinzugekommen und der Übersetzungsalgorithmus wurde schon mehrfach verbessert.

-> https://www.deepl.com/translator

DeepL bietet auch die Möglichkeit, für ein paar Euro im Monat längere Dokumente zu übersetzen und diese dann umgehend wieder zu »vergessen« (Privatsphäre- & Sicherheitsfunktion), was für selbständige Autor:innen als Übersetzungshelfer für ihre eigenen Bücher eine gute Option sein kann. Aus meiner eigenen Erfahrung kann ich sagen, dass es für Sachtexte bereits sehr, sehr gute Übersetzungen liefert, bei Prosa kommt zumindest ein lesbarer Text heraus, der sich im Nachgang gut überarbeiten lässt.

#DeleteSlack

* mehrere Monate, dann ggf. 5 Minuten

Slack als datenschnorchelndes Kollaborationsprogramm loszuwerden, kann mitunter länger dauern, da hier üblicherweise noch
andere Menschen involviert sind. Es gibt aber auch hier Alternativen wie Element oder Mattermost.

Mattermost ist OpenSource und wenn Du es benutzt, sieht es
grundsätzlich dem Slack sehr ähnlich. Man kann es selbst hosten,
aber das gehört dann zu den fortgeschrittenen Möglichkeiten.

-> https://mattermost.org/

&

Kein Schwein ruft mich an!

Telefonate und Video-Calls über das Netz sind weit verbreitet. Als
ich das Buch im November 2019 schrieb, ahnte ich noch nicht, dass
wir kurz darauf allesamt eine steile Lernkurve zum Thema Video-
konferenzen hinlegen würden. Und auch die freien und datensparsamen Alternativen zu Zoom, MS-Teams, Skype und WebEx haben
über das Homeoffice-Jahr 2020 einige große Entwicklungssprünge
gemacht. Die Digitalcourage hat dankenswerterweise eine Übersicht der freien Videokonferenzlösungen zusammengestellt.[28] Falls
Du Anfang 2020 noch nur mittelmäßige Erfahrungen mit einigen
der Programme gemacht hast, schau sie Dir noch einmal an. Es ist
im letzten Jahr eine Menge auf dem Gebiet passiert.

JITSI UND BIGBLUEBUTTON sind beide browserbasierte Services,
die für Video-Calls und Gruppenkonferenzen gebaut wurden. Brow-
serbasiert bedeutet, dass die Software bei allen Teilnehmer:innen
im Browser, also zB im Firefox läuft. Man muss nichts extra instal-

lieren, um an einem Jitsi- oder BigBlueButton-Meeting teilnehmen zu können.

Wenn Du einen eigenen Server hast, kannst Du beide sogar selbst hosten. Es gibt aber eine ganze Reihe an freien Servern, die jede:r einfach nutzen kann.

-> https://jitsi.org/

-> https://bigbluebutton.org/

FÜR DIE NEXTCLOUD gibt es eine Erweiterung namens *Next-Cloud Talk*. Diese ermöglicht es Dir, über Deine eigene NextCloud Video-Telefonate zu führen.

-> https://apps.nextcloud.com/apps/spreed

~

Quickwins für Blogger:innen, Podcaster:innen und Webseitenbetreuer:innen

Dass wir alle Verantwortung tragen und als Teil der Gesellschaft bewusst tragen sollten, sollte mittlerweile klar sein. Wenn Du selbst eine Webseite, einen Blog, einen Podcast hast, oder die Webseite Deines Vereins betreust etc., liegt es in Deiner Hand, auch hier etwas besser zu machen. Ein paar kleine Änderungen können schon viel bewegen. Du musst weder viel Geld für eine Beratung oder eine neue Software ausgeben, noch musst Du Monate an Arbeitszeit investieren.

Versuche einfach, Dir bewusst zu sein, welche Daten von anderen Personen Du gerade sammelst und ob es Dir selbst recht wäre, wenn es Deine Daten wären. Erhebe und speichere nur die Daten, die Du wirklich brauchst und nicht mehr. Je weniger Daten Du hast, desto weniger kann im Falle eines Falles »wegkommen«.

HTTPS

Steht in der URL Deiner Webseite vorne HTTPS? Falls nicht, kümmere Dich um ein SSL-Zertifikat für Deine Webseite. Grundsätzlich sind Zertifikate seit einigen Jahren gratis über Let's Encrypt zu bekommen. Du findest die Infos dazu, wie Du ein Zertifikat für Deine Webseite bekommst, sicher auf der Seite Deines Hostinganbieters. Notfalls hilft der Support. Falls Dein Hoster Geld dafür haben möchte oder Du von einer Stelle zur nächsten geschickt wirst, hinterfrage das und schau Dich nach einem anderen Anbieter um.

Hinweis: Solltest Du ein Newsletter- oder Kontaktformular auf Deiner Webseite haben, die Möglichkeit für Webseitenbesucher:innen, Kommentare zu hinterlassen oder sonst eine Möglichkeit, wie Benutzer:innen Daten auf Deiner Webseite eingeben können, ist ein SSL-Zertifikat aufgrund der DSGVO mittlerweile vorgeschrieben.

Podcasthosting

Liegt Dein Podcast auf Spotify oder Soundcloud und ist nicht für jede:n zugänglich? Brauchen Deine Zuhörer:innen zwingend einen Account auf einer Plattform, um Deine Inhalte hören zu können? Soll das so sein? Mit einem RSS-Feed können Deine Inhalte auch frei über sogenannte Podcatcher-Apps gehört werden. Achte darauf, einen RSS-Feed Deines Podcasts anzubieten.

Tracking

Frage Dich – und ggf. andere, die auch involviert sind –, ob Ihr eine Tracking-Software wie Google Analytics auf Eurer Webseite oder Eurem Blog eingebaut habt und falls ja, ob Ihr diese Daten überhaupt nutzt. Vielleicht wurde es vor vielen Jahren mal eingebaut und dann vergessen? Falls ohnehin niemand reinschaut, kannst Du es ausbauen.

SOLLTET Ihr wirklich Nutzungsdaten der Webseite verwenden, schau Dir doch Alternativen wie beispielsweise Matomo an. Da läuft die Auswertung und alles direkt auf Eurem eigenen Server und Ihr verratet Eure Webseitenbesucher:innen nicht an Google weiter.

Newsletter

Wenn Du einen Newsletter oder Ähnliches anbietest, solltest Du Dich nach europäischen Anbietern wie »Eyepin« oder »Newsletter2go« umschauen. Eine Möglichkeit ist auch, mit einem Wordpress-Plugin wie »Mailpoet« den Newsletter auch ganz aus eigener Hand zu versenden. Solange Du keine zigtausend Abonnent:innen hast, sollte das, je nach eMail-Anbieter, trotzdem gut funktionieren.

Außerdem: Musst Du wirklich die Namen und vielleicht auch noch das Geschlecht der Personen erfassen? Für die Auslieferung des Newsletters brauchst Du nur die eMail-Adresse. Frage Dich, ob der Rest wirklich sein muss. Das Löschen der Felder im Newsletter-Formular ist mit wenigen Klicks erledigt.

Webfonts

Prüfe, ob Webschriftarten (meist Google Fonts) im Theme Deines Blogs, Podcasts oder Deiner Webseite hinterlegt sind. Ein Werbeblocker hilft Dir dabei, da er anzeigt, welche Tracker er gefunden hat; auch Webfonts können als Tracker angesehen und auch so verwendet werden. Falls Du Webfonts verwendest überlege, ob Du diese direkt auf den eigenen Webspace legen kannst. Je nach Anbieter, bei dem die Seite gehostet wird, geht das schwieriger oder einfacher. Versuch es zumindest.

Social-Media-Buttons & Co. nicht alles erlauben

Baue »Shariff« in Deine Webseite ein, falls Du es noch nicht hast. Shariff ist ein Wordpress-Plugin, das Like- & Share-Buttons von sozialen Netzwerken so lange deaktiviert, bis ein:e Webseitenbesucher:in sich entscheidet, Inhalte auf einem sozialen Netzwerk zu teilen. Die Installation ist in 5 Minuten erledigt. Der kleine Aufwand bringt für Deine Webseitenbesucher:innen gleich sehr viel, da es verhindert, dass alle Netzwerke, von denen Du vielleicht Like- oder Teilen-Buttons auf Deiner Webseite eingebunden hast, schon alle Informationen über Deine Seitenbesucher:innen sammeln, ohne dass die es mitbekommen und auch wenn sie selbst keinen Account auf diesen Netzwerken haben.

Solltest Du eine Webseite nicht auf Basis von Wordpress betreiben, suche im Netz nach passenden Alternativen.

----

1. https://netzpolitik.org/2019/der-selbstgebaute-algorithmus/
2. https://help.duckduckgo.com/duckduckgo-help-pages/results/sources/
3. https://de.wikipedia.org/wiki/DuckDuckGo#Funktionen
4. https://www.kuketz-blog.de/startpage-aeussert-sich-zur-beziehung-mit-system1-lcc/
5. https://www.heise.de/newsticker/meldung/Ghostery-Erweiterung-blendet-Werbung-ein-4107209.html
6. https://support.mozilla.org/de/kb/was-ist-firefox-klar
7. https://keepassxc.org/docs/#faq-platform-mobile
8. https://media.ccc.de/v/pw17-97-sichere_authentifizierung
9. https://www.golem.de/news/twitter-zwei-faktor-telefonnummer-wurde-zu-werbezwecken-verwendet-1910-144334.html
10. https://www.heise.de/newsticker/meldung/Deutsche-Onlinehaendler-druecken-sich-vor-Zwei-Faktor-Authentifizierung-4542700.html
11. https://media.ccc.de/v/pw18-67-internet-of-things-iot-privacy-security
12. https://www.zeit.de/digital/datenschutz/2017-02/my-friend-cayla-puppe-spion-bundesnetzagentur

13. https://www.somersetrecon.com/blog/2015/11/20/hello-barbie-security-part-1-teardown
14. https://www.vice.com/en_us/article/qkj4n7/bugs-in-hello-barbie-could-have-let-hackers-spy-on-kids-chats
15. https://media.ccc.de/v/35c3chaoswest-25-track-me-if-you-oh-
16. https://techcrunch.com/2017/04/23/uber-responds-to-report-that-it-tracked-users-who-deleted-its-app/
17. https://reports.exodus-privacy.eu.org/en/reports/com.touchtype.swiftkey/latest/
18. https://www.techbook.de/mobile/beliebteste-emoji
19. https://images.apple.com/privacy/docs/Differential_Privacy_Overview.pdf
20. https://www.buzzfeednews.com/article/meghara/period-tracker-apps-facebook-maya-mia-fem
21. https://www.mirror.co.uk/news/uk-news/period-tracker-app-spied-told-20807187
22. https://www.instyle.com/news/government-tracking-period-information
23. https://www.datenschutz-podcast.net/podcast/bis-auf-die-unterwaesche-und-weiter/
24. https://media.ccc.de/v/pw20-383-bloody-data-das-geschft-mit-zyklusapps
25. https://en.wikipedia.org/wiki/Threema#cite_ref-42
26. https://www.heise.de/hintergrund/Telegram-Chat-der-sichere-Datenschutz-Albtraum-eine-Analyse-und-ein-Kommentar-4965774.html
27. https://www.kuketz-blog.de/wire-messenger-zu-100-von-einer-us-holding-uebernommen/
28. https://digitalcourage.de/digitale-selbstverteidigung/videokonferenzen-muessen-keine-datenschleudern-sein

10

SOCIAL MEDIA ALTERNATIVEN

Dass soziale Medien die Art und Weise, wie wir kommunizieren, drastisch verändert haben, da dürften wir uns alle einig sein. Sie bringen völlig neue Möglichkeiten des gesellschaftlichen Diskurses mit sich. An sich also etwas, was wir in der vernetzten und globalisierten Welt gerne haben wollen. Allerdings helfen all die »gated communities«, die »geschlossenen Gesellschaften« (manchmal auch »walled garden«, also Garten mit Mauer drumrum genannt) nicht weiter, wenn es darum geht, einen breiten öffentlichen Diskurs führen zu können, der allen die Möglichkeit der Partizipation gibt. Insbesondere dann, wenn die vorhandenen »gated communities« Datenlöcher sind und Menschen – völlig zu Recht – Bedenken haben, dort einen Account anzulegen.

WENN DU PROJEKTE HAST, wo es Dir darum geht, möglichst viele Menschen zu erreichen und sie zum Mitmachen zu bewegen, mach es ihnen einfach. Sei öffentlich erreichbar. Schreib die Termine auf einen öffentlichen Blog. Richte einen abonnierbaren

Kalender ein, nutze alternative Veranstaltungsplaner. Eine Facebookveranstaltung erreicht sehr wahrscheinlich nicht alle Deine Interessent:innen.

Alternativen zu Facebook Gruppen & Veranstaltungen

Es gibt sie mittlerweile: Alternativen zu Facebook Gruppen und Veranstaltungen! Mein Favorit ist »Mobilizon« aus der französischen Softwareschmiede Framasoft.
-> https://joinmobilizon.org/en/

Mobilizon ermöglicht sowohl Gruppen inklusive kleinem Diskussionsforum, als auch das Organisieren von Veranstaltungen. Menschen können sich dort auch ohne Account mit Mailadresse für Veranstaltungen anmelden. Es gibt optionale Teilnehmerzahl-Beschränkungen und mehr. Das Projekt zu verfolgen und auszuprobieren lohnt auf jeden Fall. Die Aussichten sind gut, da Features folgen sollen wie Server-übergreifende Accounts – beispielsweise mit einem Account auf Server 1 für eine Veranstaltung bei Server 2 anmelden.

Auch erwähnt werden soll eine weitere Alternative zur Eventorganisation: »gath.io«.
-> https://gath.io/

Der Stern am Social-Media-Himmel: das Fediverse

Fediverse kommt von »federated universe«, also föderiertes Universum. Das Fediverse beruht auf einer weiteren Entwicklung des WWW-Erfinders Tim Berners Lee, dem ActivityPub-Protokoll. Ich sagte ja, er schlägt die Hände über dem Kopf zusammen, wie das

Internet heutzutage verwendet wird. Aber er tut auch etwas dagegen. [1]

Das Fediverse funktioniert ähnlich wie eMail: Egal, auf welchem Server Du einen Account hast, Du kannst mit allen anderen kommunizieren. In der Kerbe schlägt auch das gerade genannte Mobilizon auf seine Weise.

Alternative zu Twitter (& Facebook?)

Eine Alternative zu Twitter und vielleicht auch Facebook ist Mastodon. Der Großteil der Server (»Instanzen« genannt) wird von Communities betrieben. Es gibt neben den großen Haupt-Servern wie mastodon.social, oder auch mamot.fr auch themenbezogene Instanzen für Journalist:innen, für Motorradfahrer:innen, für IT-Menschen, für Jurist:innen, für Bücher-Menschen, kurz gesagt für verschiedene Interessensgruppen, die aber trotzdem mit allen anderen reden!

Wenn es darum geht, sich für eine Instanz zu entscheiden, gibt es zwei Dinge zu beachten. Zum einen wird der Domainname der Instanz, genau wie bei eMail auch, zum Teil Deines Nutzernamens. Also zB @benutzername@mastodon.social. Zum anderen liegt der Unterschied der Instanzen in der lokalen Timeline. Bei Mastodon hast Du drei mögliche Ansichten: Deine persönliche Timeline, in der Du die Posts der Accounts siehst, denen Du folgst. Dann die lokale Timeline, da siehst Du die Posts aller Accounts auf dieser Instanz. Wenn Du Jurist:in bist und Deinen Account auf einem Server mit vorwiegend Jurist:innen hast, siehst Du in der lokalen Timeline voraussichtlich viele juristische Themen. Aber sicher nicht nur. Auch Jurist:innen posten mal Bilder ihres Mittagessens. Die globale Timeline zeigt dann alle Posts aller Accounts auf allen Instanzen, mit denen Deine Instanz sich austauscht. Das sind vermutlich nicht alle, die es auf der Welt gibt, sehr, sehr viele. Nicht alle, weil die Administrator:innen auch einzelne Server

blockieren können. Beispielsweise die von Hatespeech-Commu-
nities. Wenn jemand diese Inhalte lesen möchte, muss er:sie sich
schon einen Account auf einer dieser Instanzen machen.

Apropos Bilder vom Mittagessen: Bei Mastodon gibt es bereits
einige sehr schöne technische Fortschritte wie »Content Warnings«,
also Inhaltswarnungen. Du kannst Deinen eigenen Post hinter einer
Inhaltswarnung verstecken. Politische Inhalte beispielsweise,
direkten Augenkontakt eines Porträtfotos oder Essensbilder. Kätz-
chenbilder werden meistens ohne Content Warning gepostet.

EIN WEITERER CLOU IST, dass Du im Fediverse auch Accounts
auf anderen Plattformen folgen kannst. Also nicht nur von
Mastodon aus anderen Mastodon-Accounts folgen, sondern viel
mehr. Es gibt eine Alternative zu Instagram oder Pinterest namens
Pixelfed. Es gibt auch eine Alternative zu Soundcloud namens
Funkwhale. Eine Alternative zu YouTube ist PeerTube. Und dann
gibt es noch weitere Plattformen wie beispielsweise Pleroma, die
alle im Fediverse eingebunden sind. Das heißt, Du kommst mit
einem einzigen Account viele Male weiter als in »gated
communities«.

Du kannst auch mit Hilfe eines Plugins Deinen Wordpressblog
ins Fediverse einhängen. Dann können Menschen mit Accounts im
Fediverse Deinem Blog direkt in ihrer Timeline folgen.

Fediverse-Blog-Alternativen sind Plume oder WriteFreely.

Weitere Alternativen

Es gab schon mehrere Anläufe, Alternativen zu Facebook zu schaffen. Die meisten wie Vero oder MeWe verschwanden nach kurzer
Zeit wieder oder sind nie wirklich abgehoben. Ein Projekt, das noch
gute Aussichten verspricht und das Du auch im Auge behalten
könntest, ist »Okuna.io«, das unter dem Namen »Openbook«

gestartet ist. Die Firmenzentrale liegt in den Niederlanden. Das Netzwerk ist noch immer in der Betaphase und ich habe seit der ersten Auflage dieses Buches im November 2019 noch nichts Neues darüber gehört. Aber gut Ding will manchmal Weile haben. Okuna.io will eine ethische und datenschutzfreundliche Alternative zu Facebook werden und vielleicht braucht es einfach noch einen Moment.

---

1. https://www.heise.de/newsticker/meldung/Berners-Lee-Das-Web-als-Macht-des-Guten-wieder-auf-die-Spur-bringen-4595904.html

11

FORTGESCHRITTEN

Besuche Cryptoparties

Okay, ich gebe zu, »Cryptoparty« klingt etwas abschreckend und auch nicht selbsterklärend, was das sein soll. Auch zusätzliche Infos an den Terminausschreibungen wie »FNIT only« sagen nicht allen Menschen etwas und führen eher zu Verwirrungen und dem Gedanken: »Das ist nichts für mich.« Weit gefehlt.

Cryptoparties sind keine »Parties« mit lauter Musik und Alkohol, sondern Veranstaltungen, wo Menschen anderen vermitteln, was sie selbst über Sicherheit im Netz wissen. Üblicherweise gibt es pro Termin ein spezielles Thema wie beispielsweise »sichere Messenger« oder »eMail-Verschlüsselung« oder »Festplatte verschlüsseln« oder auch »Linux installieren«.

Die Veranstaltungen lohnen sich also gerade am Anfang, wenn Du beginnst, Dich mit den Themen auseinanderzusetzen. Ich habe selbst sehr viel auf Cryptoparties gelernt, das ich dann weiter verfolgen konnte.

Suche im Netz nach Cryptoparties in Deiner Gegend. Es gibt sie in den meisten größeren Städten.

»FNIT-only«

Regelmäßig sind in manchen Städten Termine dabei, die mit »FNIT only« gekennzeichnet sind oder ähnliche Teilnahmeeinschränkungen haben. »FNIT« bedeutet: »Frauen, Non-Binary, Inter- und Transgeschlechtlich«. Dass es für diese Gruppen eigene Termine gibt, schafft ein Gegengewicht dazu, dass der ganze Bereich *Computer* heutzutage sehr stark männlich dominiert ist. Extra Veranstaltungen »für alle außer (Cis-)Männer« sollen einen sicheren, vorurteilsfreien und ruhigen Raum schaffen für all jene, die Abwechslung von männerdominierten Gruppen und Treffen suchen. Bei solchen Treffen können sich Menschen wohl fühlen, die mit »starker männlicher Durchsetzungsfähigkeit« und dem immer wieder stattfindenden »Mansplaining« ein Problem haben. »Mansplaining« bedeutet, dass Männer von oben herab die Welt erklären. »Cis« heißt, dass das von der Gesellschaft bei der Geburt festgelegte Geschlecht auch das richtige ist. In kurz: Cis ist das Gegenteil von transgeschlechtlich. [Quelle: https://www.quixkollektiv.org/glossar/genderidentitaeten/]

NATÜRLICH KANNST DU, wenn Du eine Frau bist oder einer der anderen Gruppen angehörst, auch zu den anderen Terminen gehen. Die »fnit only« Veranstaltungen sind auch für Dich, aber vor allem für all jene, die sich in von Männern dominierten Gruppen nicht wohlfühlen.

∾

eMail-Verschlüsselung

Eine Bemerkung vorab: Die Erklärung klingt gleich viel aufregender, als es in der Realität dann ist. Je nach Mailprogramm ist Mailverschlüsselung nämlich sehr überschaubar gemacht.

Ein Nachteil von eMail-Verschlüsselung ist, dass auch Dein Gegenüber, also die Person, Bank oder Behörde, an die du ein eMail schicken möchtest, eMail-Verschlüsselung verwenden muss.

Grundsätzlich gilt, je öfter Du verschlüsselt kommunizierst – also auch sichere Messenger verwendest und Deine Mails verschlüsselst –, um so einfacher wird es für Menschen, die auf sichere Kommunikation angewiesen sind, in der Masse unterzutauchen. Wenn nur alle heiligen Zeiten eine verschlüsselte Mail vorbeikommt, werden Beobachter:innen denken: »Oh, da muss jetzt etwas Wichtiges drinstehen!« Wenn aber alles verschlüsselt ist, kann von außen nicht mehr beurteilt werden, was eine wichtige und was die unwichtigen Nachrichten sind. Menschen, die beispielsweise investigative Journalist:innen oder Kriegsberichterstatter:innen sind, sind darauf angewiesen, sicher kommunizieren zu können. Ebenso wie Menschen, die in Gebieten wie Syrien oder der Türkei ihren Familien mitteilen wollen, dass es ihnen gutgeht, ohne das Leben der Familien oder das eigene auf's Spiel zu setzen. Du kannst Deinen Teil dazu beitragen, das allgemeine »weiße Rauschen«, also die Masse an verschlüsselten Nachrichten zu erhöhen, indem auch Du verschlüsselt kommunizierst. eMail-Verschlüsselung ist ein Schritt auf dem Weg.

Verschlüsselung an sich

Verschlüsselung generell ist Dir schon mehrfach begegnet. Meist handelt es sich dabei um *symmetrische* Verschlüsselung. Das bedeutet, dass Du sowohl zum Ver- als auch Entschlüsseln denselben »Schlüssel« benötigst. Beispielsweise eine passwortgesicherte .zip-

Datei ist symmetrisch verschlüsselt. Zum Verschlüsseln und zum Entschlüsseln gibst Du dasselbe Passwort ein.

Das Schlüsselpaar

Asymmetrische Verschlüsselung funktioniert etwas anders. Es gibt dazu ein Schlüssel*paar*, also zwei zusammengehörige Schlüssel, die zu *einer* Mailadresse zugeordnet sind. Du kannst es Dir in etwa vorstellen wie ein Schloss, für das es zwei Schlüssel gibt: mit dem einen schließt Du nur in die eine Richtung auf, mit dem anderen nur in die andere Richtung zu.

Der erste Schlüssel ist Dein »private Key«, also Dein privater Schlüssel, den nur Du kennst und der auch immer nur bei Dir bleibt. Der private Key wird nur zum Entschlüsseln verwendet. Auf diesen musst Du besonders gut aufpassen, dass er nicht in falsche Hände gerät, da sonst andere Personen Deine an Dich geschickte, verschlüsselte Post lesen können.

Der zweite Schlüssel ist Dein »public Key«, also Dein öffentlicher Schlüssel. Dieser wird nur zum Verschlüsseln verwendet. Der public Key ist nicht sicherheitsrelevant und kann jedem:jeder gegeben werden - daher »public Key«. Wenn jemand Dir verschlüsselte eMails senden möchte, braucht die Person Deinen public Key, um damit die eMail an Dich »abzuschließen«.

Einrichtung

Beide Schlüssel werden zu Beginn gemeinsam erstellt. Das geht im Mailprogramm wie beispielsweise »K-Mail«, »Canary Mail« oder »Thunderbird«, letzteres ist von »Mozilla«, dem Hersteller, der auch den Firefox Browser entwickelt und für alle Desktop-Plattformen verfügbar. Es gibt auch noch weitere Programme, die Mailverschlüsselung können. Bei Thunderbird brauchte man bisher dazu das Thunderbird-Plugin »Enigmail«, mit der neuen Version von

Thunderbird ist Enigmail direkt in Thunderbird eingebaut. Ein »Plugin« ist quasi dasselbe wie ein Add-on.

Das Prinzip ist überall dasselbe, ich erkläre es jetzt anhand von Thunderbird, weil es dort meiner Meinung nach recht übersichtlich und verständlich dargestellt ist. Du kannst auch eines der oben genannten verwenden.

Die Einstellungen für eMail-Verschlüsselung findest Du unter »Enigmail«, dort gibt es auch einen Einrichtungsassistenten, der eine Standardkonfiguration für Anfänger:innen bereithält. Die kannst Du einfach anklicken und fortfahren.

Im zweiten Schritt wird das Schlüsselpaar erzeugt, das mit einem Passwort gesichert wird. Nutze Deinen Password-Safe, um ein möglichst langes Passwort zu erstellen und speichere es auch gleich in Deinem Password-Safe ab. Deine eMail-Schlüssel und das Passwort dazu solltest Du am besten noch sicherer verwahren als Deinen Reisepass, denn verschlüsselte eMails von Dir sind im Internet vergleichbar mit einem Identitätsnachweis. Ein Angreifer kann mit Deinen eMail Key sogar sicher mehr anfangen, als mit Deinem Reisepass.

Im nächsten Schritt kannst und solltest Du ein »Widerrufs-zertifikat« erstellen. Das bedeutet, dass Du einen Nachweis hast, dass diese Schlüssel wirklich Dir gehören. Sollte Dein Laptop gestohlen werden, kannst Du damit Deine alten eMail-Schlüssel widerrufen und somit der Welt klarmachen, dass sie nicht mehr gelten. Sollte irgendjemand noch mit dem alten Key vielleicht vom gestohlenen Laptop aus eMails senden und damit vorgeben, Du zu sein, kannst Du beweisen, dass diese eMails nicht von Dir stammen.

· · ·

Das neu erstellte Schlüsselpaar – also private Key und public Key – sowie das Widerrufszertifikat sicherst Du am besten sofort auf Deinem verschlüsselten USB-Stick sowie auf der Backup-Platte. Wie gesagt, das ist Dein Identitätsnachweis im Netz und Du solltest sehr gut darauf aufpassen.

Wenn Dein Schlüsselpaar dann fertig erstellt ist, kannst Du in der Schlüsselverwaltung Deinen public Key auf einen öffentlichen Schlüsselserver hochladen. Dort können andere Menschen ihn finden (es gibt eine Suchfunktion nach der Mailadresse im Mailprogramm) und Dir dann damit verschlüsselte Nachrichten an die Mailadresse schicken, für die Du das Schlüsselpaar erstellt hast. Du brauchst dann Deinen private Key, um diese Nachrichten wieder »aufzuschließen«.

Sichere Messenger funktionieren nach demselben Prinzip, nur dass Du da von der Erstellung der Schlüssel gar nichts mitbekommst.

In der Praxis

In der täglichen Praxis sieht das dann so aus, dass wenn Du eine verschlüsselte Nachricht bekommst, Du das Passwort für Deine eMail-Schlüssel im Mailprogramm eingibst und daraufhin wird Dir die Nachricht angezeigt. Du brauchst zum Ver- und Entschlüsseln jeweils dasselbe Passwort, das gilt für Dein Schlüsselpaar. Da noch lange nicht alle Menschen eMail-Verschlüsselung verwenden, wird dies zu Beginn wahrscheinlich nicht so häufig vorkommen. Weil Thunderbird aber mittlerweile mit vorinstalliertem Enigmail ausgeliefert wird, könnte es durchaus mehr werden.

Nachrichten signieren

Eine Funktion, die dank Deines Schlüsselpaares möglich wird, ist das Signieren von eMails. Damit meine ich nicht das automatische »PS« (»post scriptum« wie bei Briefen), das oft in Firmenmails die Abteilung des:der Absender:in und allerlei sonstige Informationen enthält. Signatur bedeutet in dem Fall, dass die Echtheit der Nachricht bestätigt wird. Dafür braucht Dein Gegenüber selbst keine eMail-Verschlüsselung zu können, signieren kannst Du immer. Dein Mailprogramm mit der eingebauten Mailverschlüsselung macht dann quasi immer ein Häkchen unten drunter: »Bis hierher ist die Nachricht echt und wirklich von dem:der Absender:in.« Sollte Dein Gegenüber selbst eMail-Verschlüsselung verwenden, wird Deine Signatur auch im Mailprogramm angezeigt, zum Beispiel als Kasten um die Nachricht herum: »Alles, was in diesem Kasten ist, kommt wirklich von dem:der Absender:in.«

Zum Einstieg

Ich empfehle, Thunderbird zu verwenden. Das Programm ist gratis und OpenSource und für alle Desktop-Betriebssysteme verfügbar. Du kannst natürlich auch andere eMailprogramme benutzen. Auf der Seite »OpenPGP« gibt es eine Auflistung von eMailprogrammen, die Mailverschlüsselung unterstützen. Der Begriff dazu ist »PGP«, das steht für »Pretty Good Privacy«.

~

Verschlüsselte Speichermedien

Jedes Desktop-Betriebssystem gibt Dir die Möglichkeit, USB-Sticks und externe Festplatten zu formatieren. Das kennst Du sicher bereits. Alte Daten löschen und Platz schaffen für neue. Ein Haken ist, dass alle Betriebssysteme unterschiedliche »Filesysteme« (»Dateisysteme«) haben, also unterschiedliche Arten, wie sie ihre Daten strukturieren. So kann es sein, dass ein auf einem Mac formatierter USB-Stick auf einem Windowsrechner nicht gelesen werden kann und umgekehrt. Linux kann die meisten Dateiformate lesen, das ist etwas stressfreier.

Wenn Du einen USB-Stick erstellen möchtest, der auf allen Betriebssystemen gelesen werden kann, beispielsweise um Freunden ein paar Bilder zu geben oder um einen »Notfall-Stick« zu erstellen, der die allerwichtigsten Daten wie beispielsweise das Widerrufszertifikat für Deine eMail-Keys und eine Kopie Deines Password-Safes beinhaltet und der auf allen Rechnern im Notfall gelesen werden können soll, verwende ein Dateisystem, das alle Betriebssysteme kennen. FAT32 ist ein System, das es schon lange gibt und quasi der »kleinste gemeinsame Nenner«. Bei FAT32 können einzelne Dateien nicht größer als 4GB sein, aber das reicht für alle Notfälle üblicherweise aus. ExFAT sollten ebenfalls alle Betriebssysteme lesen können.

Speichermedien verschlüsseln

Das Verschlüsseln von USB-Sticks oder externen Festplatten geht mit dem Formatieren einher. Wenn Du einen Stick oder eine Festplatte verschlüsseln möchtest, ist diese Funktion, je nach Betriebssystem, in der Nähe vom Formatieren externer Datenträger zu finden. Allerdings ist auch hier der Haken, dass eine unter Windows mit Windows Bitlocker verschlüsselte Festplatte auf einem Mac nicht geöffnet werden kann und umgekehrt.

· · ·

UM VERSCHLÜSSELTE DATENTRÄGER auf allen Betriebssystemen öffnen und lesen zu können, kannst Du sie mit »VeraCrypt« verschlüsseln. VeraCrypt ist OpenSource und gratis und für alle Desktop-Betriebssysteme verfügbar. Es gibt gute Anleitungen dazu im Netz. Auch wenn es vielleicht auf den ersten Blick nicht ganz selbsterklärend ist, ist VeraCrypt durchaus ein sehr lohnendes Helferlein.

~

Festplattenverschlüsselung

Wenn man aus einem Rechner die Festplatte rausnimmt, sind die Daten darauf normalerweise für jede:n, der:die die Festplatte findet, wie ein USB-Stick frei lesbar. Also alle Deine Bilder, Musik, Videos, Dokumente und so weiter können einfach so gelesen werden. Das Passwort, das Du beim Login in Dein Benutzer:innen-Konto eingibst, bedeutet nicht, dass die Daten auf Deinem Rechner verschlüsselt sind. Dazu gibt es extra die Festplattenverschlüsselung, also das Verschlüsseln aller Dateien auf einer Festplatte. Alle gemeinsam, nicht einzeln.

DAS IST EINE FUNKTION, die an sich jeder Rechner kann und die für mobile Firmenrechner seit der DSGVO auch erwartet wird. Dies ist ein guter Schutz, falls Dein Laptop gestohlen wird oder verloren geht. Unter Mac und Linux ist diese Funktion grundsätzlich verfügbar, bei Windows ist dies leider nur in der Enterprise-Version vorgesehen. Als ob nur Businessleute mit einem Laptop unterwegs wären.

. . .

VERSCHLÜSSELT WERDEN ÜBLICHERWEISE alle Deine User:innendaten und Einstellungen und je nach Verschlüsselungsmethode eventuell auch der Großteil des Systems. Das bedeutet, dass nach der Festplattenverschlüsselung alle Daten auf der Festplatte ohne Passwort nicht mehr lesbar sind.

SOLLTEST Du selbständig sein oder in einem Unternehmen arbeiten, in dem es üblich ist, den eigenen Rechner mitzubringen (»bring your own device«) und Du hast Kund:innendaten auf dem Gerät, ist es nach DSGVO vorgeschrieben, Festplattenverschlüsselung zu aktivieren. Das ist an sich einfach, allerdings ist dies das erwähnte dritte Passwort, das Du Dir neben dem zu Deinem Benutzer:innen-Konto auf dem Rechner und dem zu Deinem Password-Safe dann wirklich merken musst. Benutze am besten ein langes Passwort, das Du Dir gut merken kannst. Schreib es Dir am Anfang sogar in ein Büchlein – NICHT! auf ein Post-It am Gerät! Das ist, als würdest Du Deinen Schlüsselbund nach dem Abschließen nicht in die Tasche stecken, sondern einfach stecken lassen. Aufschreiben ist für den Anfang okay, aber ausschließlich in ein Büchlein, das Du dann vielleicht in der Schreibtischschublade verwahrst. Wenn Du Dich in ein paar Wochen daran gewöhnt hast, kann der Eintrag weg.

DIE MITGELIEFERTE FESTPLATTENVERSCHLÜSSELUNG heißt in allen Betriebssystemen unterschiedlich:

- Linux: LUKS
- Mac: FileVault
- Windows: Bitlocker

WENN DU WINDOWS verwendest und keine Enterprise-Version hast, gibt es VeraCrypt, das die Festplattenverschlüsselung übernehmen kann.

Grundsätzlich gibt es VeraCrypt für Windows, Mac und Linux. Du kannst also in jedem Fall eine Festplattenverschlüsselung mit VeraCrypt vornehmen.

LIES DICH vorher je nach Deinem Betriebssystem durch zwei oder drei Anleitungen und vielleicht einige Erfahrungsberichte durch, insbesondere, wenn Du bereits Daten auf Deinem Rechner hast. Das kann funktionieren, muss aber nicht. Solltest Du Deinen Rechner ohnehin neu aufsetzen wollen, ist es gut, die Festplattenverschlüsselung von Anfang an mit einzuplanen.

Festplattenverschlüsselung auf Mobilgeräten

Auch bei Telefonen oder Tablets mit Android-Betriebssystem ist mit einem Klick die »Full-Disk-Encryption«, also Festplattenverschlüsselung, aktivierbar. Das kann es mittlerweile auch, wenn bereits Daten auf dem Gerät vorhanden sind. Danach fragt es beim Booten nach dem Screen-Lock, also einem PIN oder Passwort. Lies am besten auch hier vorher nach, wo die Einrichtung für Deine Android-Version zu finden ist. Und merk Dir dann auch hier das Passwort.

≈

uMatrix

uMatrix ist ein weiteres Browser-Add-on vom selben Hersteller wie uBlock Origin. uMatrix gibt allerdings viel detailliertere Informationen aus und zeigt Dir schon beim ersten Laden der Seite, welche Tracker, Cookies, Skripte und so weiter von der Seite und auch von Dritten ausgegeben werden. uMatrix blockiert von sich aus eine ganze Menge, was viele Seiten am vollständigen Laden hindert, insbesondere solche, die voll sind mit Marketing. Du kannst es aber trotzdem probieren und im Zweifelsfall für die Seite deaktivieren. Interessant ist auch, einzelne Skipte nach und nach freizuschalten. Häufig laden diese dann nämlich weitere Tracker nach und setzen andere Cookies, die beim ersten Anlauf noch nicht da waren. Wenn Du etwas Zeit hast, probiere das ruhig aus.

～

Cookies lesen

Wenn Du neugierig bist und wissen möchtest, was Webseitenbetreiber:innen und Trackingfirmen in die Cookies auf Deinem Rechner schreiben, kannst Du selbst nachsehen. Meist sind dies allerdings nur lange Zeichenketten, also entweder lange Identifikatoren oder eine verschlüsselte Information, die nur von dem:der Webseitenbetreiber:in oder dem Trackinganbieter gelesen werden kann. Trotzdem kann ein Blick in die Cookies durchaus aufschlussreich sein.

Um den Inhalt von Cookies zu lesen, gibt es mehrere Möglichkeiten. Du kannst die im Browser eingebauten »Developer Tools«, also »Entwicklerwerkzeuge« verwenden, die Programmierer:innen nutzen, um Webseiten zu analysieren. Das geht mit einem Rechtsklick auf die Webseite und dann »Element untersuchen«.

Unter »Web-Speicher« werden Dir alle Cookies angezeigt, die diese Webseite in Deinem Browser hinterlegt hat.

Falls Dir das etwas zuviel ist, kannst Du auch ein Browser-Add-on benutzen. Es gibt eine ganze Reihe an Cookie-Add-ons. Ein recht übersichtliches ist der »Cookie Editor« von Moustachauve.

Schau Dir ruhig ein paar der Cookies an, bevor Du sie alle löscht.

12

ETWAS WEITER FORTGESCHRITTEN

Was etwas länger dauert: Einige Services selber hosten

E inen eigenen Server zu haben oder einen bei einem Betreiber wie beispielsweise Uberspace zu mieten, ist schon ein großer Schritt. Aber vielleicht wirst Du dahin kommen. Es ist auch einfacher, als es sich im ersten Moment anhört. Bei vielen Anbietern gibt es sogenannte »1-Click-Lösungen«, also die Möglichkeit, mit einem Klick einen vorgefertigen Server zu bekommen.

Du bekommst dabei nicht einen Rechner in einem Gehäuse, so wie Dein alter Standrechner vielleicht einmal ausgesehen hat, sondern ein Stück Festplattenplatz auf dem Rechner eines Anbieters, der vermutlich eine ganze Menge Rechner hat. In einem Rechenzentrum stehen sehr viele Computer, die etwas anders aussehen als der Standrechner, den Du vielleicht gerade im Kopf hast. Vor allem sind sie mittlerweile sehr flach und eher breit und davon stecken viele übereinander in Gitterkästen drin. Auf so einem Rechner kannst Du Festplattenplatz mieten. Dabei handelt es sich um »VMs«, das sind »Virtuelle Maschinen«. Die kannst Du

Dir so ähnlich vorstellen wie die »Partitionen«, die Du vielleicht von Deinem Rechner kennst. Nur dass darauf dann auch ein eigenes Betriebssystem läuft. Also viele virtuelle Rechner nebeneinander auf den Festplatten des Servers. Einer davon ist dann Deiner.

WENN DU DIR eine VM bei zB Uberspace mietest, kannst Du direkt beim Einrichten entscheiden, was die VM für Dich tun soll. Du kannst beispielsweise eine NextCloud installieren. Das geht mit einem Klick in der Vorauswahl. Momente später steht dann schon Deine eigene NextCloud für Dich bereit und Du kannst direkt loslegen.

Du kannst genauso ein Mattermost selbst hosten. Oder auch einen Mailserver. Letzteres empfehle ich allerdings wirklich *nicht* zum Einstieg. Aber eine NextCloud oder ein Mattermost als 1-Click-Lösung traue ich Dir durchaus zu.

SOLLTEST Du einen Server ohne 1-Click-Lösung haben wollen, gibt es die Möglichkeit, ein Betriebssystem wie »YunoHost« zu verwenden, das Dir einen Baukasten für virtuelle Maschinen liefert, in dem Du Dir eine eigene 1-Click-Lösung bauen kannst. Oder Du setzt Deinen Server von Grund auf selbst auf.

13

NACHWORT

Du hast es bis zum Ende des Buches geschafft! Vielleicht hast Du einige Sachen gleich ausprobiert. »Da draußen« gibt es noch viel mehr und andere Menschen werden mit Sicherheit auch andere oder weitere Informationen, andere Software, andere Messenger etc. empfehlen. Schau, welche Informationen Du finden kannst und triff dann Deine eigenen Entscheidungen. Ich konnte nur das weitergeben, was ich selbst erlebt und ausprobiert habe und was ich aus meinem direkten Umfeld kenne. Nimm es als einen Einstieg in das Thema und geh Deinen eigenen Weg.

Du wirst bald feststellen, dass der Grat zwischen bequem und sicher sehr schmal ist. Vor allem wirst Du nicht in jedem Bereich das gleiche Maß an Sicherheit brauchen. So wird der Grat nie eine gerade Linie sein, die Du ziehen kannst. Mehr ein Zickzack, das sich an der Frage entlang bewegt, in welchem Bereich Du bereit bist, wieviel zu ändern. Oder wieviel Dich andere Menschen oder Situationen etwas ändern lassen.

. . .

ÄNDERE NICHT ZUVIEL AUF EINMAL. Gib Dir etwas Zeit und versuche nicht, alles an einem Wochenende umzustellen. Sobald es in Deinem Leben hektisch wird, gerätst Du sonst ins Straucheln und wirfst alle Änderungen wieder über Bord. Ändere einen Teil und gewöhne Dich erst einmal daran. Dann den nächsten und so weiter. Bei mir hat es etwa anderthalb Jahre gedauert, bis ich soweit war und die Schritte, die Du hier im Buch findest, für mich alle durch hatte.

ZWISCHENDRIN WIRST Du an den Punkt kommen, wo Du feststellst, dass alles – auch die Lösungen, die ich Dir in diesem Buch vorgeschlagen habe – Vor- & Nachteile hat. Spätestens, wenn es darum geht, auf wessen Servern eine Webseite oder ein Service betrieben wird, wird die Luft im Netz nämlich sehr dünn. Hat ein Service eine gewisse Reichweite erreicht, kommt er kaum drumherum, seine Server auf eine große Infrastruktur umzuziehen. Somit laufen viele Services in der Amazon Cloud (»AWS«, Amazon Web Hosting), weil die die Kapazitäten hat, um mit vielen Datenverbindungen pro Millisekunde umgehen zu können.

AUCH WENN ES zwischenzeitlich aussichtslos erscheinen sollte: Wir als Gesellschaft werden nichts ändern, wenn wir darauf warten, dass jemand anderes einen ersten Schritt tut und etwas ändert. Wir können alle gemeinsam nur dann aus dieser vertrackten Situation hinauskommen, wenn wir zusammenarbeiten. Daran, mündige Bürger:innen zu sein. Daran, echte, unmanipulierte und demokratische Entscheidungen zu ermöglichen. Daran, gemeinsam ein Regulativ zu schaffen, um mit der »einseitigen Enteignung von Verhaltensdaten« (Zuboff) Schluss zu machen.

. . .

Es mag als ein ganz kleiner, unbedeutender Vorgang erscheinen, die Cookies in Deinem Browser zu löschen. Aber es ist ein guter erster Schritt. Ein größerer ist vielleicht, andere Messenger zu nutzen. Und ein weiterer ist dann vielleicht, eMails durch sichere Messenger zu ersetzen und die verbliebenen eMails wo möglich zu verschlüsseln.

Mein Weg hat mich ziemlich weit von dem weggeführt, wo ich damals angefangen habe. Einen Schritt nach dem anderen habe ich mich von dem entfernt, »was alle anderen machen«. Und ich habe es auf dem Weg nicht einmal wirklich gemerkt. Natürlich hat es auch Rückschläge gegeben, die mir gut in Erinnerung geblieben sind. Beispielsweise eine Person, die mich ziemlich angeschnauzt hat, weil ich anmerkte, dass es auch Alternativen zu WhatsApp gibt und dass WhatsApp als Kommunikationsmittel zwischen Vortragenden und Studierenden schon aus rechtlicher Sicht nichts zu suchen hätte. Sowas passiert. Ich habe kein WhatsApp, ich muss mit der Person nicht mehr reden. Und von anderen höre ich leider nur noch selten; mein Facebook-Konto habe ich zur Feier des Tages beim Erscheinen der ersten Auflage dieses Buches hier endgültig gelöscht. Es ist schade, von den Menschen nur noch wenig mitzubekommen, aber dafür kann ich mir selbst wieder in die Augen sehen.

Schau in ein paar Wochen, einem halben Jahr, einem Jahr einmal zurück. Konntest Du einen ersten Schritt machen? Einen zweiten? Wie weit bist Du mittlerweile gekommen? Bist Du alleine gegangen oder hast Du Dir Hilfe gesucht? Warst Du bei Cryptoparties? Oder hast Du bei Deinem Hobbyabend anderen davon erzählt? Hast Du Menschen getroffen, denen all die Technik vielleicht auch schon langsam suspekt geworden ist? Hast Du andere Menschen begeistern können?

. . .

Es würde mich sehr freuen, wenn Du mich – vielleicht auf Mastodon? – mal kontaktierst und erzählst, wie Dein Weg mittlerweile aussieht.

Bleib neugierig, hinterfrage alles.

Danke für Dein Vertrauen und viel Spaß beim Erkunden.

14

LINKSAMMLUNG

H ier ein paar Links zu datensparsameren Anbietern und Services.

ICH BEKOMME KEIN GELD DAFÜR, dass die Links hier stehen. Es sind alles Anbieter und Services, die ich persönlich nutze oder die mir in den letzten Jahren begegnet sind und von anderen Menschen im Bereich Datenschutz verwendet werden.

DIESE LISTE IST GANZ SICHER NICHT VOLLSTÄNDIG und es wird eine ganze Reihe weiterer Lösungen geben.

NEXTCLOUD
https://nextcloud.org/

· · ·

Password-Safes

Keepass XC: https://keepassxc.org/ (Linux, Mac, Win, kompatibel mit den folgenden zwei Apps für mobile)

KeePass2Android (Android)

Strongbox (iOS / iPadOS)

Enpass: https://www.enpass.io/ (alle Plattformen, auch mobile)

Dashlane: https://www.dashlane.com/ (Mac, Win, iOS, Android)

Messenger

Signal: https://signal.org/de/

Threema: https://threema.ch/de

Element: https://element.io/

Browser

EFF »Cover Your Tracks« Browser-Tester: https://coveryourtracks.eff.org/

Mozilla Firefox: https://www.mozilla.org/de/firefox/

Firefox Klar: https://support.mozilla.org/de/kb/was-ist-firefox-klar

Browser-Add-ons

Browser Add-ons sollten immer über die Add-on-Verwaltung direkt im Browser installiert werden, daher stehen hier keine Direktlinks.

https everywhere

EFF Privacy Badger

uBlock Origin

uMatrix (für Fortgeschrittene)

eMail
Posteo.de: https://posteo.de/de
mailbox.org: https://mailbox.org/de/
Tutanota: https://tutanota.com/de/

eMail-Programme & eMail-Verschlüsselung
K9 Mail: https://k9mail.github.io/
Thunderbird: https://www.thunderbird.net/de/
Canary Mail: https://canarymail.io/

Social-Media-Alternativen
Mastodon: https://joinmastodon.org/
Pixelfed: https://pixelfed.org/
Funkwhale: https://funkwhale.audio/
Peertube: https://joinpeertube.org/
Pleroma: https://pleroma.social/
Wordpress Plugin für das ActivityPub Protokoll: https://wordpress.org/plugins/activitypub/
Plume: https://joinplu.me/
WriteFreely: https://writefreely.org/
Okuna: https://www.okuna.io/de/home
Link-Shortener: https://t1p.de/

Alternativen zu Facebook Gruppen & Events
Mobilizon: https://joinmobilizon.org/en/
gath.io: https://gath.io/

Zyklus-Apps
Drip: https://bloodyhealth.gitlab.io/
Periodical: https://f-droid.org/de/packages/de.arnowelzel.android.periodical/

Gemeinsames Arbeiten an Dokumenten
Mattermost: https://mattermost.org/
CryptPad: https://cryptpad.fr/ oder https://cryptpad.digitalcourage.de/
Cryptpad Random: via https://cryptpad.random-redirect.de auf eine zufällige unabhängige Instanz umleiten lassen
NextCloud: https://nextcloud.org/

Videocalls & Webinare
Übersicht der Lösungen bei Digitalcourage: https://digitalcourage.de/digitale-selbstverteidigung/videokonferenzen-muessen-keine-datenschleudern-sein
Jitsi: https://jitsi.org/
BigBlueButton: https://bigbluebutton.org/
NextCloud: https://nextcloud.org/

2-Faktor-Authentifizierung
TOTP-Apps: andOTP oder FreeOTP (Android)
Password-Safe Enpass (aber auch andere): https://www.enpass.io/
Yubikey: https://www.yubico.com/
Nitrokey: https://www.nitrokey.com/de

UMFRAGEN

Nuudel der Digitalcourage.de: https://nuudel.digitalcourage.de/
CryptPad: https://cryptpad.fr/ oder https://cryptpad.
digitalcourage.de/
Dudle, z.B. bei der TU Dresden: https://dudle.inf.tu-
dresden.de/
Limesurvey: https://www.limesurvey.org/de/

Maps

Open Street Map: https://www.openstreetmap.org
als App z.B. OsmAndMaps (Android & iOS)
Im Fdroid-Store gibt es "OpenMultiMaps"

KALENDER

NextCloud: https://nextcloud.org/
Kalender in Posteo: https://posteo.de/de
Kalender in mailbox.org: https://mailbox.org/de/
Kalender in Tutanota: https://tutanota.com/de/

YOUTUBE-»UMLEITUNG«

invidio.us: https://invidio.us/

APP-CHECKER

Exodus Privacy: https://reports.exodus-privacy.eu.org/en/

GEKLAUTE LOGINS CHECKER

';--have i been pwned?: https://haveibeenpwned.com/

· · ·

Quickwins für Seitenbetreiber:innen

Shariff: https://www.heise.de/ct/artikel/Shariff-Social-Media-Buttons-mit-Datenschutz-2467514.html

Let's Encrypt: https://letsencrypt.org/

Matomo: https://matomo.org/

eMail-Verschlüsselung

OpenPGP: https://www.openpgp.org/

Thunderbird: https://www.thunderbird.net/de/

IoT

IoT besser machen: https://www.iot-austria.at/

Internet of Dongs, über smartes Sexspielzeug: https://internetofdon.gs/

Hostingprovider

Uberspace: https://uberspace.de/de/

Selfhosting

Framasoft hat viele interessante Projekte wie Mobilizon, Framaforms, Framatalk, Framapad und Framadate und noch einige andere, die man mit etwas Geschick auch selbst hosten kann.

-> https://framasoft.org/en/

Anderes

Das Bildungspaket der Digitalcourage: https://digitalcourage.de/kinder-und-jugendliche/bildungspaket

Überhaupt die Services der Digitalcourage:

https://digitalcourage.de/blog/2020/corona-homeoffice-tipps

Selbsttest für Deinen Umgang mit Daten: Datenscham.org

Stop using Facebook: https://www.stopusingfacebook.co/

Ansicht der Datenweitergaben bei PayPal: http://rebecca-ricks.com/paypal-data/

Ethical.net: https://ethical.net/

Wunschliste außerhalb von Amazon: https://wishlephant.com/

Deine NextCloud als Teil des Fediverse: https://kaffeeringe.de/2019/11/21/nextcloud-als-teil-des-mastodon-netzwerks

15

LESEEMPFEHLUNGEN

Bücher

Katharina Nocun: Die Daten, die ich rief
  Katharina Nocun & Pia Lamberty: Fake Facts. Wie Verschwörungstheorien unser Denken bestimmen
Shoshana Zuboff: Das Zeitalter des Überwachungskapitalismus
Sarah Spiekermann: Digitale Ethik: Ein Wertesystem für das 21. Jahrhundert
  Wolfie Christl & Sarah Spiekermann: Networks of Control, Facultas Verlag
  Wolfie Christl: Kommerzielle digitale Überwachung im Alltag
  Wolfie Christl: How Companies Use Personal Data Against People
  Wolfie Christl: Corporate Surveillance in Everyday Life
  Edward Snowden: Permanent Record

Online

Netzpolitik.org
   Digitalcourage.de
   Kuketz Blog & Empfehlungsecke: https://www.kuketz-blog.de/empfehlungsecke/
   Wolfie Christls Webseite mit Links zu seinen Studien, dem Buch etc.: https://wolfie.crackedlabs.org/
   golem.de
   heise.de

Auf Englisch:
   https://boingboing.net/

Podcasts

Logbuch Netzpolitik
   Der Datenschutz Podcast

Filme

The Circle
   Snowden
   Citizen 4
   Terms & Conditions May Apply (das war noch vor Snowden)

DANK AN DIE MITWIRKENDEN

Bei dieser Auflage wurde ich besonders unterstützt von Judith, Natascha, Clemens, Katharina & Volker.

Einen ganz <3-lichen Dank Euch!

EINE GROSSE BITTE AN DICH

Liebe Leserin, lieber Leser,

für Autor:innen sind Rezensionen das Um und Auf, um auf dem schwierigen Buchmarkt bestehen zu können. Wenn Dir dieses Buch gefallen hat, hinterlasse bitte eine Rezension auf der Plattform, auf welcher Du das Buch gekauft hast. Das hilft mir sehr, auch kommende Bücher schreiben und platzieren zu können. Erzähle gern allen Freund:innen von diesem Buch. Es macht sich auch gut als Geschenk.

Falls Dir dieses Buch nicht gefallen hat, erzähl einfach allen Leuten davon, die Du nicht leiden kannst. ;)

Spenden und Weitersagen

Falls Du genug Geld verdienst, dass Du ein paar Euro (vielleicht sogar im Monat) abgeben kannst, unterstütze freie Projekte: den lokalen Hackspace, die Macher von offenen Plattformen etc. Sie alle brauchen dringend Hilfe, um gegen die großen Plattformen bestehen zu können. Viele von ihnen arbeiten in ihrer Freizeit an den Communityprojekten – Zeit, in der sie keinem Brotjob nachgehen (können) oder nachts, wenn sie die Kinder ins Bett gebracht haben. Es stecken echte Menschen hinter all den Plattformen und Programmen, die ich Dir hier im Buch vorgestellt habe; hinter Mastodon und Pixelfed, hinter Suchmaschinen wie DuckDuckGo und hinter den Browser-Add-ons, die einem die Tracker vom Hals halten.

Falls Du nicht soviel Geld übrig hast, kannst Du trotzdem etwas tun. Sag es weiter, dass es diese Projekte gibt. Erzähle anderen von diesem Buch und davon, dass sie lieber andere Suchmaschinen statt Google zum Suchen verwenden sollen. Du kannst viel bewegen. Oder wie Greta Thunberg sagte: »Niemand ist zu klein, um etwas zu verändern.«

NEUES VON KLAUDIA ZOTZMANN-KOCH

Ich bin Europäerin mit einem Herz für Kaffee und natürlich für das Schreiben. Neben Sachbüchern schreibe ich auch Kriminalromane und SciFi. In meiner Freizeit bin ich aktivistisch im Bereich Datenschutz, Medienkompetenz & digitale Grundrechte engagiert.

Im Netz findest Du mich:
auf Mastodon: @viennawriter@literatur.social
auf Twitter: @kzotzmann

~

Meinen Blog und Podcast für Leser:innen, die Termine meiner nächsten Vorträge, Workshops und Lesungen sowie Leseproben und mehr zu meinen Büchern gibt es auf
-> zotzmann-koch.com

Neuigkeiten und Aktuelles vom Schreibtisch erfährst Du in meinem Newsletter für Leser:innen. Anmelden kannst Du Dich unter
-> zotzmann-koch.com/newsletter

~

Falls Du so begeistert bist, dass Du mir einen Kaffee im Monat spendieren möchtest, besuche doch meine Patreon-Seite unter
-> patreon.com/viennawriter

VIELLEICHT MAGST DU AUCH …

Der Datenschutz Podcast

Im Datenschutz Podcast unterhalte ich mich mit Menschen, die sich für die Themen Internetsicherheit, Privatsphäre, Netzpolitik und Vermittlung digitaler Kompetenzen einsetzen. Hör gerne rein! Du findest den Datenschutz Podcast im Podcatcher Deiner Wahl und unter datenschutz-podcast.net.

Verantwortlich für Inhalt und Gestaltung dieses Buchs:

Klaudia Zotzmann-Koch
eMail: klaudia [at] zotzmann-koch.com
PGP Fingerprint: F773 1363 1BCF BA36 646D 6996 6E45 F677 E1EA 1663

Coverfoto & -design: Klaudia Zotzmann-Koch
Autorinnenfoto: Markus Koch

Herstellung und Verlag: BoD – Books on Demand, Norderstedt

ISBN: 9783751981491

Lightning Source UK Ltd.
Milton Keynes UK
UKHW020729080721
386832UK00014B/1733

9 783751 981491